웰튜닝, 마음 조율하기

웰튜닝, 마음 조율하기

웰튜닝, 마음 조율하기

초판 1쇄 2015년 5월 26일

지은이 | 정광하
펴낸이 | 박종태
펴낸곳 | 비전북
출판등록 | 2011년 2월 22일(제 396-2011-000038호)

마케팅 | 강한덕 임우섭
관리 | 정문구 맹정애 강지선 김병수 김기범
주소 | 경기도 고양시 일산서구 송산로 499-10(덕이동)
전화 | (031) 907- 3927
팩스 | (031) 905-3927

책임편집 | 기록문화
표지디자인 | 디자인 생기
본문디자인 | 양선애
인쇄 및 제본 | 예림인쇄

공급처 | (주) 비전북
전화 | (031) 907-3927
팩스 | (031) 905-3927

ISBN 979-11-86387-09-2 03190

Well Tuning

웰튜닝

마음
조율하기

정광하 지음

비전북

나답게 살아가는 법을 일깨워 주는 책

지식 정보화 시대인 21세기는 사람보다 물질과 새로운 정보, 기계가 우선시되기 쉬운 시대다. 그러나 물질과 새로운 정보, 최신 스마트폰이 내 삶을 대신해 주지는 않는다. 여전히 사람이 가장 중요하다. 그 중요한 사람이 바로 '나'라는 것을 다시 한 번 일깨워 주는 책이 나왔다. 지금까지의 내 삶도 괜찮았지만, 더욱 나답게 살기 위한 변화의 길로 인도해 줄 책이 바로 『웰튜닝, 마음 조율하기』다.

이 책의 저자인 정광하 선생은 늘 진정한 가치가 무엇인지 고민하며 사는, 맑은 양심을 가진 사람이다. '모든 사람들이 삶의 주인공이 되게 할 수는 없을까? 천하보다 귀한 한 사람 한 사람이 자신의 정체성을 발견하고 자존감을 회복하여 행복하게 살 수 있는 방법은 무엇일까?' 이런 질문을 하며 오랫동안 고민한 흔적이 이 책에 고스란히 담겨 있다.

그의 외침이 우리에게 힘을 실어 주는 것은 올곧은 가치관과 타인 지향적인 삶, 삶의 벼랑 끝에서 위기를 겪으며 자신의 참모

습을 발견했던 진솔한 고백들이 이 책에 녹아 있기 때문이다. 꾸
밈도 없고, 허세도 없이 사람을 진심으로 사랑하고 섬기는 그의
일과 삶이 이제는 세상의 수면 위로 드러나 주목받기를 소망한다.

저자는 이 책에서 다양한 사람들이 자신만의 스타일대로 살아
가는 방법을 찾도록 안내하고 있다. 혼돈스럽고 파편화된 이 시대
에 상처받은 한 개인이 어떻게 회복되어야 하는지를 발견하도록
돕는 이 책을 통해 우리 모두가 귀한 보석 같은 존재라는 것을 가
슴 깊이 공감하기를 바라며 이 책을 추천한다.

국민대 문화교차학연구소
문화학 박사 유선덕

차례

1장 언어를 조율하라 긍정의 언어가 사람을 살린다

2장 **비언어를 조율하라**   말 없는 말로 전하는 메시지

3장 마음을 조율하라 마음과 마음을 이어주는 대화

4장 **내면의 보물찾기** 마음창고 재고 조사하기

변화를 꿈꾸는 그대에게

사람은 누구나 세상을 보는 자신만의 프레임이 있다. 그 프레임을 통해 사람을 관찰하고 판단하며 결정을 내린다. 그런데 세상에는 자신의 판단만 옳고 다른 사람의 판단은 틀렸다는 이분법적인 생각을 가지고 있는 사람들이 생각보다 많다. 그 결정이 객관적으로 옳고 그름을 떠나, 자신만이 옳다는 프레임에 갇히는 것은 스스로 높은 성벽을 쌓고 지내는 것과 다름없다. 때로는 고독하고 답답한 그 틀을 벗어나고 싶지만, 혼자 그 틀을 깨기는 쉽지 않다. 변화를 기대하는 이에게 좋은 해법은 없을까?

나는 지난 20여 년간 학교와 기업체에서 '고객만족(customer satisfaction), 긍정심리, 감성소통, 이미지 메이킹' 등의 교육을 하는 강사로 활동해 왔다. 그런데 강의하면서 늘 안타까운 마음이 있었다. 변화를 기대하는 교육 효과가 오래 지속되지 못했던 것이다. 교육을 주최하는 측과 교육을 받는 대상의 심리적 거리가 멀어 '별에서 온 그대처럼' 느낄 때가 많았다. 또한 실제로 교육자와 피교육자가 마음이 일치한다고 해도 1회성에 그치는 경우가 대부분이었다. 교육장 내에서는 분명 변화를 보이지만, 각자 삶의 현장에서 변화된 행동들은 지속력이 약했다.

'그 원인이 무엇일까? 삶을 변화시키는 가장 효과적인 교육은 무엇일까?' 이런 고민을 하다가 다양한 분야의 교육 프로그램을 총 정리한 결과 외부의 자극에 의한 교육보다 자신의 내면에서 일어나는 자발적인 변화가 지속성도 높고 효율적이라는 결론에 이르렀다.

그래서 개발한 프로그램이 '웰튜닝'(Well-Tuning)이다. 웰튜닝은 마음을 조율하는 프로그램이다. 웰튜닝을 체험하면 자신의 마음이 어디로 흘러가는지, 어떤 상태인지 스스로 자각할 수 있다. 그래서 마음이 한쪽으로 치우치지 않도록 균형 잡힌 상태로 조율할 수 있다. 웰튜닝은 '다름이 경쟁력'임을 믿고 자신의 삶을 스스로 조율하는 것이다.

자신을 인정하고 수용하며, 존중하는 것이 우선이다. 이것을 기초로 칭찬하고 질문하기, 이해하고 공감하기, 신뢰하고 축복하기를 하나씩 해보며 내면의 보물찾기를 해나간다. 이를 통해 자존감을 회복하고 자신이 삶을 주도하는 주인공이 되어 셀프 치유를 하는 것이다.

생각이 바뀐다고 삶이 저절로 바뀌지 않는다. 생각을 행동으로 옮겨 습관화하기 위해 먼저 자신이 매일 사용하는 언어를 조율해야 한다. 긍정의 언어와 부정의 언어가 한쪽으로 과도하게 쏠리는 일이 없도록 이를 균형 있게 사용하는 것이 선행되어야 한다.

그리고 비언어를 조율한다. 따뜻한 눈빛과 화사한 미소 등 온

몸을 사용한 비언어를 습득하면 더욱 자연스럽게 상대방과 소통의 길이 열린다. 하지만 언어도 비언어도 습득하기 어려울 경우 제3의 언어인 마음을 조율할 수 있다. 언어가 조금 어눌하고, 비언어를 자유롭게 표현하지 못하더라도 진정성 있는 마음이 전달되면 그것으로 충분하다.

이를 끊임없이 지속할 수 있는 원동력은 내 안의 보물들을 찾아 조율하면 된다. 긍정에너지를 찾아 공급하는 일은 혼자서도 할 수 있고 부모와 자녀, 부부, 연인, 직장동료, 친구와 함께 언제 어디서든지 할 수 있다. 웰튜닝을 하다 보면 '나, 너, 우리'가 행복한 관계를 맺을 수 있다.

웰튜닝 프로그램을 체험한 사람들에게서 기대 이상의 결과들이 나타났다. 자신이 변화된 것을 스스로 느끼고 체험하며 이렇게 고백했다.

"이 세상에 나 혼자 버려진 듯한 외로움을 늘 가지고 있었는데, 나를 사랑하고 인정하고 존중하는 사람들이 많다는 것을 깨달았어요."

"나 혼자만 불행하다고 생각했는데 다른 사람들도 다양한 문제를 갖고 아픔을 겪고 있다는 사실을 알고 위로받았어요."

사람들은 스스로 위로할 수 있다는 사실에 힘을 얻는다. 자신의 내면 보물창고를 열어보니 꽤 괜찮은 사람임을 확인하는 순간 내면의 에너지가 선순환되기 시작한다. 관점이 달라진다. 가족 때문에 힘들고, 직장 동료들 때문에 힘들다고 생각했는데, 오히려 그들이 있어 살 소망을 찾는다. 그들로 인해 가치 있는 인생이 되었고, 지속적인 에너지를 공급받았다고 놀라운 고백을 한다. 고통이 삶의 에너지원이 되고, 원수 같은 사람들이 알고 보니 은인들이었다며 반전된 삶을 나눈다.

고정관념이 깨어지니 환경은 하나도 변하지 않았는데, 억지로 하던 일들을 자발적으로 하게 된다. 상대방이 변화되면 모든 문제가 해결된다고 생각했는데, 이제는 내가 변화되어야 상대방이 변한다는 것을 알았다고 고백한다. 그리고 고통이 즐거움으로 바뀌기 시작한다. 가정에서도 직장에서도 내가 솔선수범해 먼저 인사하고 칭찬하고 존중하며 다가가겠다고 다짐한다. 모두가 자기 인생의 주인공이 되고, 리더가 되며, 다른 사람들을 축복하는 사람들이 된다. 나는 이런 긍정적인 체험들을 더 많은 사람들과 나누고 싶었다.

이렇게 자발적으로 내면에서 에너지를 공급받는 원리를 터득하면 어떤 상황에서도 에너지 부족 현상 없이 자가 발전기가 끊임없이 가동된다. 내 안에 있는 황금이 가득한 광산을 찾아 개발하는 것이다. 웰튜닝을 통해 자존감을 회복하면 타인을 바라보는 시선도 달라진다. 일생 동안 선순환되어 스스로 회복하고 치유하며 살아갈 수 있다.

이 세상에 각양각색의 사람이 있듯이 성공에 대한 기준 또한 다양하다. 지난해 인기리에 방영된 TV 드라마 〈미생〉의 성공 요인 중 하나는 주연이든 조연이든 모두 그 드라마의 주인공으로 부각되었다는 사실이다. 이처럼 삶의 형태가 다르더라도 각자 삶의 주인공이 되어 주어진 삶을 만족하며 살아간다면 성공적인 삶을 살았다고 할 수 있지 않겠는가?

세상이 Best One을 추구하더라도 우리 각자는 Only One임을 자각하고, 있는 그대로의 나를 받아들이는 방법을 스스로 찾아보자. 행복은 소유에 있지 않고 친밀하고 건강한 관계에 있다. 모든 사람들에게 인정을 받지 못하더라도 나 스스로 만족하는 최상의 삶을 살 수 있다. 타인에게 인정받는 삶도 좋지만, 내가 나를 인정하는 삶을 살았을 때 여한 없는 행복을 누릴 수 있을 것이다.

서로 다름을 인정하고 외부를 향한 시선을 내면으로 돌리자. 한 걸음 한 걸음 느리더라도 변화는 작은 행동 하나를 실천하는 것에서 시작된다. 이제 참으로 가치 있는 삶, 행복한 삶을 찾았다고 기뻐하는 사람이 점점 더 많아지길 바란다.

먼저 '웰튜닝'에 대한 영감을 주시고 때를 따라 지혜를 주신 하나님께 감사드린다. 또한 글을 쓰라고 끊임없이 나에게 좋은 자극을 준 이은옥 님과 추천사를 써 주신 유선덕 교수님, 정성을 들여 기획하고 편집해 책의 격을 올려 주신 기록문화 윤필교 대표님에게 고마움을 전한다. 그리고 부족한 원고를 책으로 낼 수 있도록 배려해 주신 비전북 박종태 대표님께 감사드린다.

정광하

웰튜닝

1장

언어를 조율하라

긍정의 언어가 사람을 살린다

뇌과학자에 따르면 뇌세포의 98퍼센트가 말에 지배를 받는다고 한다. 예일대 심리학과 존 바그 교수가 보이지 않는 '언어의 힘'에 대한 실험 결과를 발표했을 때 사람들은 매우 놀라워했다. 존 바그 교수는 "사람은 어떤 단어에 노출되면 뇌의 일정 부분은 자극을 받고 무엇인가 할 준비를 한다. 특정 단어는 뇌의 특정 부분을 자극해 자신도 모르게 행동하게끔 한다. '움직인다'라는 동사를 읽으면 뇌는 의식적으로 행동할 준비를 한다"면서 "언어는 굉장히 강력하다"고 말했다. 뇌는 단순한 단어 몇 개의 조합에 노출된 것만으로도 큰 영향을 받고, 이것은 행동의 변화로 나타난다는 사실이 실험으로 입증된 것이다.

뉴잉글랜드 〈메이슨 저널〉에 실린 실험 결과에 의하면 "실제로 마취 전문의가 던진 몇 마디는 환자가 수술한 뒤 통증과 입원 기간에 영향을 미친다"고 한다. 복부 수술을 앞둔 환자 97명을 두 집단으로 나누어, 한 집단에게는 의사가 수술 후 얼마나 오래 아플 것인지 친절하게 설명해 주고, 다른 집단에게는 수술 과정만 간단히 설명한 다음 수술한 뒤 회복 속도를 비교했다. 그 결과 친절한 설명을 들은 환자들이 수술한 뒤에 진통제도 적게 쓰고 퇴원 속도도 사흘이나 빨랐다고 한다. 마취 전문의의 말 한마디가 수술 환자들이 통증을 극복하는 데 도움이 된 것이다. 말의 힘은 이렇게 강하다. 문제는 우리 뇌가 긍정적인 단어보다 부정적인 단어에 더 민감하다는 사실이다. 특히 거친 말은 감정을 주관하는 뇌의 변연계를 활성화시켜 불안과 공격성을 자극한다. 버클리 대학 매리언 다이아몬드 박사는 "부정적인 자극이나 메시지를 계속해서 접하면 두뇌에 미세한 인식의 차이가 발생해 신체의 신호까지 나쁘게 바뀐다"고 지적했다. 부정적인 말에 장시간 노출된 아이들은 학습 능력이 떨어지고 행동이 경망스럽고 성격이 차분하지 못했다. 어른들도 마찬가지였다. 부정적인 말을 들은 사람들은 작업 능률이 떨어지고 실수가 잦을 뿐 아니라 의사결정 능력이 떨어지는 등 원인을 알 수 없는 무기력증에 시달렸다.

우리는 타인과 소통하기 위한 가장 효율적인 수단인 언어를 통해 자신의 마음을 표현하고 타인의 마음을 헤아린다. 가치관과 성격, 환경, 외모, 삶의 우선순위가 다른 사람과 잘 소통하려면 어떻게 해야 할까? 상대방을 있는 그대로 인정해야 한다. 이때 필요한 것이 칭찬과 감사, 수용, 인정하는 언어 즉 긍정의 언어다.

원활한 의사소통을 하는 데 긍정적인 언어가 큰 영향을 미친다는 것은 이미 널리 알려져 있다. 인간은 불완전한 존재다. 그러니 가능하다면 긍정적인 방향에 초점을 맞추고 대화하면 어떨까. 서로에게 기쁨을 주는 긍정의 언어를 사용하는 훈련을 함으로써 좋은 언어습관을 가져보자.

철학자인 '한스 게오르크 가다머(Hans-Georg Gadamer)'는 "긍정적인 생각은 긍정적인 생각을 이끌어내고, 부정적인 생각은 부정적인 생각을 이끌어낸다"고 말했다. 다시 말해 사람을 살리는 긍정의 언어는 건강한 언어를 이끌어내는 반면, 부정의 언어는 가속도가 붙어 더 부정적인 언어를 이끌어낸다는 말이다. 자동차를 운전할 때 브레이크를 자주 밟으며 운전하는 사람들을 가끔 본다. 운전이 미숙해서도 그럴 수 있지만, 습관적으로 그렇게 하는 사람들도 많다. 이처럼 우리 일상에 무심코 쓰는 부정적인 언어는 얼마나 많을까.

심리학자이자 비즈니스 컨설턴트인 '마셜 로사다'(Marcial Losada)는 '로사다 비율'을 발표했다. 그는 60개 기업을 대상으로 조사했는데, 그 기업의 회의실에서 표현하는 긍정적인 언어와 부정적인 언어를 사용하는 빈도에 따라 언어 비율을 분석했다. 실적이 저조한 팀의 긍정과 부정의 비율은 '1:1', 실적이 중간인 팀은 '2:1', 실적이 우수한 팀은 '6:1'로 나타났다. 연구 결과의 신빙성을 입증하기 위해 긍정과 부정 비율이 '1:1.5'인 기업을 선정해 긍정의 비율을 '3.65'까지 올려주니 매출이 무려 40퍼센트나 상승한 결과가 나왔다고 한다.

조사 기업 중 20개 기업은 경제적으로 성장하며 번영하는 중이었고, 20개 기업은 양호한 수준, 20개 기업은 쇠퇴하고 있었다. 긍정적 단어와 부정적 단어의 평균 비율이 '2.9013:1' 보다 높은 기업은 성장하며 번영했다. 반면 그 비율보다 낮은 기업은 경제적으로 좋지 않았다는 것이다. 오늘날 로사다(losada) 비율로 알려진 3:1, 정확히 2.9013 대 1은 긍정심리학 분야의 마법의 비율이 되었다.

NLP 이론에서 말하는 세 가지 필터

NLP(Neuro linguistic programming, 신경언어프로그래밍)는 인간의 마음과 행동이 일어나는 원리를 설명하고 어떻게 하면 효과적으로 마음과 행동을 변화시킬 것인지를 다루는 심리전략 프로그램이다. NLP 이론 중에는 의사소통과 관련한 부분이 상당히 많다.

인간에게 매순간 약 200만 비트(BITS)의 정보가 유입되는데 인간은 그러한 정보 모두를 있는 그대로 수용하고 감지하며 정확하게 이해하는 것이 아니라 오히려 왜곡, 일반화, 생략/삭제라는 필터를 통하여 오직 134비트의 정보만을 받아들인다. 그것은 마치 1초마다 한 권의 책을 읽되 단 몇 개의 단어만 기억한다는 것을 의미하기도 한다. 이 이론에서 말하는 세 가지 필터는 왜곡과 삭제, 일반화다.

1. 왜곡: 자기의 무의식적 욕구나 주관적 평가에 따라서 현실을 다르게 인식하는 것으로 열등감이 있는 사람은 타인의 농담조차도 자기를 비웃는 소리로 왜곡하고, 고소공포증이 있는 사람은 육교조차도 무너질 것같이 인식해 공포를 느끼게 된다는 것이다.
2. 삭제: 자기가 흥미를 느끼거나 관심 있는 정보에 대해서만 선택적으로 관심을 보임으로써 나머지 정보는 걸러내는 것이다.
3. 일반화: 새로운 정보를 받아들일 때 기존에 갖고 있던 특정의 정보와 동일한 것으로 해석하는 것을 말한다. 이를테면 특정 지역의 사람이 어떤 아픔을 경험했다면 그 지역의 불특정 다수에게도 같은 아픔을 줄 것이라며 특정 경험을 가지고 모든 경험으로 일반화하는 것이다.

배가 목적지에 안전하게 도착하려면 노와 돛이 필요하듯이 우리의 삶에도 노와 돛이 필요하다. 긍정의 언어를 많이 사용하도록 조율하는 것은 자신과 타인을 위해서 바람직한 일이다. 존가트면(John Gottman, 워싱턴 주립대학교 심리학 교수) 박사가 약 36년간 3,000

쌍의 부부들을 조사한 결론에서 이를 입증할 수 있다. 그는 주말마다 기숙사에서 숙박하며 부부들의 대화 패턴을 분석했다.

연구 결과에 의하면 긍정적 언어와 부정적 언어의 비율이 '1대 3'에 이르면 이혼에 이른다는 것이다. 다정하고 안정된 결혼생활을 하기 위해서는 긍정과 부정의 언어 비율이 5:1이 되어야 한다. 대화할 때 부정적인 말 한마디를 할 때마다 긍정적인 말을 최소한 다섯 마디를 해야 한다는 것이다.

불화를 겪는 부부들은 긍정의 언어와 부정의 언어 비율이 '1:0.8'로 나타났다. 사람들은 대개 물질과 명예, 지식이 없어 불행하고 힘들다고 생각한다. 하지만 긍정적인 언어로 대화만 잘해도 개인이 살고 가정이 살며 기업이 살아난다는 놀라운 결과에 주목해야 한다. 그렇다고 모든 것을 무조건 긍정적으로 보고 평가하는 것이 올바른 것은 아니다. 'NO'라고 표현해야 할 때는 분명히 해야 균형 잡힌 인생을 살 수 있다.

긍정의 언어 습관은 결코 하루아침에 습득되지 않는다. 긍정의 언어를 습관화하기 위한 가장 좋은 방법은 지금까지 부정적인 것에 노출된 상황을 긍정적인 것에 노출되는 상황으로 만들어 보는 것이다. 그러다 보면 어느 순간 긍정의 언어습관이 익숙해질 것이다. 오늘은 어제보다 긍정성을 내포하는 단어를 하나라도 늘리면 긍정의 비율이 조금씩 높아져 긍정의 언어를 습관화할 수 있게 된다. 그것이 지금 내 앞에 놓인 어려움을 극복하는 가장 현실적이면서도 성공 확률이 높은 방법이다.

지금 우리 주위에는 부정의 에너지가 가득하다. 자신의 언어 사용 패턴이 어떤지 확인하고 부정적일 경우 변화를 줄 수 있는 쉬운 방법이 있다. 매일 자신이 사용하는 언어를 기록해서 긍정과 부정의 지수를 기록해 보는 것이다. 그 다음에 하루 한 번씩 긍정의 언어를 표현하려고 노력해 보자. 그것이 잘 되면 만나는 사람에게 한 사람씩 구체적으로 긍정의 언어를 표현해 보자. 어느새 당신은 매순간 긍정의 언어를 사용하는 '긍정의 달인'으로 변해 있을 것이다.

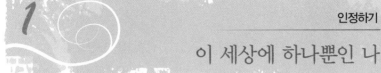

이 세상에 하나뿐인 나

✻ "당신 참 괜찮은 사람이야!"

이 세상에는 맛있는 음식과 맛없는 음식이 따로 없다. 모든 음식은 형태나 식감이나 음식마다 고유한 특성이 있는데 음식을 먹는 사람에 따라서 '맛있다, 맛없다'로 구분하는 것이다. 이처럼 사람도 어떤 한 부분만 보고 '좋은 사람이다, 나쁜 사람이다' 하고 쉽게 속단하는데, 내 기준으로 좋은 사람, 나쁜 사람이지 그 사람을 있는 그대로 본 것은 아닐 수 있다.

어느 날, 오랫동안 알고 지내던 친구와 대화하다가 언쟁을 벌이는 일이 일어났다. 나는 신문기사를 보다가 사회 지도층 인사가 불법적인 일을 했다는 것을 보고 화가 났다. 그래서 친구에게 이렇게 말했다.

"어떻게 사람이 그 위치에 있으면서 그런 일을 할 수 있어?"

"네가 그 사람에 대해서 얼마나 안다고, 기사 몇 줄 가지고 그렇게 판단하니?"

친구가 말했다. 나는 그 말을 듣고 기분이 몹시 상했다.

"너는 네 앞에 있는 사람 감정 하나 헤아리지 못하면서 신문기사에 난 사람 편을 들며 아는 척하니?" 그러자 그 친구가 이렇게 말했다.

"나도 잘 모르지만, '신문에 이런 기사가 났네' 하고 넘어가면 되지 잘 아는 사람인 것처럼 그 사람을 매도하느냐는 거지."

"그래? 그러는 너는 네 앞에 있는 친구 감정도 하나 못 헤아리면서…"

말을 하다 보니 친구한테 섭섭하고 기분이 나빠졌다. 내 편을 꼭 들어달라는 것은 아니었다. 하지만 지금 내 기분도 살필 줄 모르면서 모르는 사람 편을 들면서 자신은 관대하고 합리적인 사람인 척하니 더 기분이 상했다. 그래서 친구의 감정이 상할 말들을 골라하면서 '너도 기분 나빠 봐라' 하는 마음으로 언성을 높였다.

그랬더니 친구가 차분히 말했다.

"그렇게 거친 말을 한다 해도 네 마음은 여리다는 것을 알고 있으니까 더 이상 거친 말하지 말고 예쁘게 말해!"

"흥! 내가 여리다고? 천만에! 내가 얼마나 독한 사람인데…"

나는 흥분된 어조로 말했다.

참으로 이상한 일이다. 그를 기분 나쁘게 하기 위해 악담을 퍼부었는데, 막말을 한 내가 먼저 기분이 나빴다. 이런 바보 같은 일이 어디 있는가. 상대를 기분 나쁘게 하려고 한 말들로 인해 내가 먼저 기분이 나빠진다는 생각을 미처 하지 못했다. 누워서 침을 뱉으면 누구에게 떨어질까?

"너는 참 괜찮은 사람이야!", "넌 꼭 필요한 사람이야!", "넌 소중한 사람이야!" 누군가 나에게 이런 말을 해 줄 때 나는 동공이 커지고 콧구멍이 벌렁거린다. 내 마음 안에 있던 미움, 분노, 슬픔, 절망 등이 사라진다. 말 한마디가 이렇게 사람의 마음을 천국으로 만들어 주다니… 말 한마디의 중요성을 새삼 느낀다.

지금까지 삶의 여정을 돌아볼 때 잘한 것은 별로 없다는 생각이 드는가? 늘 실수만 하고 실패만 하는 것 같아 자괴감이 들 때 얼마나 슬프고 괴로웠던가? 이제 "나는 괜찮은 사람이야"라고 외쳐 보자. 한술 더 떠서 '당연하지'라고 대답해 주자. "너는 참 괜찮은 사람이야!"라는 말을 타인에게서 듣기 전에 내가 스스로 괜찮은 사람임을 먼저 인정하자.

가끔은 상대를 잘 모르면서 이름이나 외모를 보고 '저 사람은 이럴 거야' 하며 섣부른 판단을 한다. 모든 일에 '언제나, 늘, 항상' 그런 사람은 없다. 그럴 때도 있고, 아닐 때도 있다. 그러기도 하고, 안 그러기도 한다. '천 길 물속은 알아도 한 길 사람 속은 모른다'는 말이 있듯이 선과 악이 공존하고 있는 사람의 마음속을 누가 감히 잘 안다고 말할 수 있을까.

남이 하면 불륜이고 내가 하면 로맨스라고 하듯이 행동 하나를 보고 그 사람을 부정적으로 판정해 버리면 '인간을 천하보다 귀한 존재라고 인정하신 그분'을 모독하는 것이나 마찬가지다. 내가 누구를 판단하는 만큼 나도 누군가에게 판단받는다는 것을 알면 사람을 함부로 판단하고 수군거리는 것이 얼마나 어리석은 일인지 알게 된다. 모든 사람의 삶은 진행 중이기에 다윗처럼 목동이 왕이 될 수도 있고, 요셉처럼 죄수였다가 총리가 될 수 있기 때문이다.

사람은 살면서 세 번의 기회가 온다고 한다. 그런데 기회는 소리치며 요란하게 다가오는 것이 아니다. 지나고 보니 그때 그것이 '기회였구나!' 싶어 후회하는 경우가 많다. 우리는 모든 사람이 귀한 존재라는 것을 지식적으로는 알고 있다. 하지만 일과 이 일에 연관해서 중요한 사람인지 아닌지 구분하기도 한다. 사람은 매순간 변화하고 미래는 어떻게 될지 아무도 모른다. 언제 어느 때 귀한 사람을 만날지 미리 예고하고 오면 내가 준비된 상태로 그를 맞이하겠지만, 세상이 어디 그렇게 되던가? 인연은 멀리 있지 않다. 가까운 곳에서 나를 바라보는 사람을 좋은 인연으로 가꾸어 가는 것도 내 몫이다. 지금 내 앞의 사람을 소중하게 여기지 않으면 영원히 소중한 사람을 만나지 못하게 될지도 모른다.

계속해서 운명의 짝을 찾다가 이 세상 소풍을 끝마칠 수도 있다. 내 앞의 운명의 짝을 몰라봐서 본의 아니게 사람들에게 상처를 준다. 지금 내 앞의 사람이 내 운명의 짝이라고 생각하면 매순간 정성을 다해 온마음으로 대할 것이다. 물론 쉽지 않을 것이다. 하지만 그런 생각조차 하지 않는 사람과는 분명히 다를 것이다. 운명의 짝을 바라볼 때 전제조건이 있다. 내가 지금 이 모습 그대로 나를 인정했듯이 상대방도 그 모습 그대로 인정해야 한다. 누구와 비교하지 말자. 비교함으로 인해 상대적인 박탈감이나 우월감을 갖지 말자. 그와 나의 소중한 만남을 통해 좋은 에너지를 주고받자. 그리고 이렇게 말해 보자. "당신 참 괜찮은 사람이야!"

✹ 때로는 일의 성과보다 태도가 중요하다

"항상 웃으며 '예'라고 대답해서 아주 맘에 들어. 너는 말이지 상대방을 기분 나쁘게 말하지 않는 것이 큰 장점이야." 직장을 다닐 때 한 상사가 내게 말했다.

내가 한 모든 말과 행동은 언젠가 부메랑처럼 그대로 돌아온다. 나는 부모님이 종갓집에서 장남이자 큰며느리로서 온 가족과 친인척을 섬기는 모습을 보면서 자랐다. 누군가 지시하거나 부탁하면 항상 '예'라고 대답했다. 궁금하거나 의문점이 들면 다시 한번 물어 본다. 그런 태도는 대부분 나에게 좋은 평가로 돌아왔다.

'어떤 일을 성공적으로 했느냐'는 참으로 중요하다. 하지만 그보다 우선은 일과 그 상황을 맞이하는 태도가 상대방을 기분 좋게 한다는 것이다. 개개인의 역량이 뛰어난 사람들이 많다. 그 역량을 발휘하며 사는 사람들도 많지만, 그렇지 못한 사람도 많다. 역량을 가진 인재이지만, 그의 그릇된 태도 때문에 인재로 인정받지 못하는 경우가 있다. 요즈음 매스컴을 통해 연일 유명 인사들의 잘못된 삶의 태도가 문제시 되는 것을 본다. 조금 더 겸손하게 '남이 나보다 낫다는 생각을 하라'고 하면 정말 순진한 것일까.

스티븐 코비는 『성공하는 사람들의 7가지 습관』 중에서 여섯 번째 습관으로 "시너지를 활용하라"고 말했다. 여기서 시너지란 '1+1=2'가 아니라 '1+1'의 결과가 4도 될 수 있고, 10도 될 수 있고, 100도 될 수 있는 어마어마한 에너지의 상승효과를 일으킨다는 것을 일컫는 말이다. 인생을 살아가는 데 있어서 중요한 것이 바로 이 시너지 효과, 다시 말해 더불어 사는 것이다.

더불어 산다는 것은 경쟁구도에서 이기려 하지 않고 모두 함께 승자가 되는 삶이다. 사람들은 조건 없이 남을 돕기도 하고, 남에게 도움을 받기도 한다. 나 역시 내면의 긍정 에너지가 많을 때는 조건 없이 남을 도우며, '사람은 더불어 살아야 한다'고 말하지만, 부정적인 감정들이 많이 있을 때면 '더불어 사는 것이 중요하다'는 말이 공허하게 느껴진다. 세상은 악하기 때문에 절대 누군가 나를 조건 없이 도와주지 않는다고 소리치는 것 같다. 그럴 때면 내가 원하는 것을 가지고 있는 사람, 즉 세상 사람들이 말하는 '갑'에게 휘둘리거나, 권위자에게 인정받고 싶어서 안달하기도 한다.

그런데 인정받지 못하고 거부당하면 마음의 상처를 받아 내면이 점점 황폐해져서 작은 공격에도 쉽게 넘어진다. 그럴 때 '모로 가도 서울만 가면 된다'는 말처럼 결과만 좋으면 모든 것을 좋게 봐주는 건 아닌가?' 하며 합리화하거나 조급증이 생긴다. 이렇게 되면 결국 본질이 왜곡된 결과만 붙들고, 중요한 과정을 놓쳐버리는 안타까운 상황을 맞이할 수도 있다. 그러면 타인의 생각에 휘둘리게 되고 나는 사라져 버릴 수도 있다.

다른 사람을 의식하고 행동하는 것은 배려하는 것일 수 있다. 하지만 매순간 사람들의 눈치를 보면서 평가에 좌우된다면 건강한 삶을 살기 어렵다. 결과가 좋아서 인정받았다면 그 결과가 사라지면 인정도 물거품처럼 사라질 수 있다. 그러니 결과도 중요하지만 과정에 대한 인정이 더 중요한 가치라고 생각한다. 넘어질 때도 있고 유혹에 흔들릴 때도 많다. 하지만 과정을 중시하고, 함께하는 삶에 마음을 주려 한다. 인정받지 못했더라도 내 중심이 흔들리지 않는다면 만족할 수 있다.

그런데 여기서 하나 주목할 것이 있다. 내 태도가 타인이 나를 인정하는 잣대가 된다는 사실이다. 결국 과정을 인정받으려면 결과까지 가는 여정의 모든 태도가 중요하다는 것이다. 그럼에도 사람들은 이런 점을 쉽게 간과하는 경향이 있다. 자신에 대해서는 지나치게 관대하거나 왜곡된 모습으로 인지하고, 자신의 기대만큼 타인에게 인정받지 못한다는 생각이 들면 분노하거나 상실감을 느낀다.

이제부터는 너무 먼 곳에 시선을 두지 말고 지금, 여기, 이곳에 시선을 두자. 훌륭한 업적을 이뤄서 인정받는 것도 중요하지만, 바른 태도로 살아가는 것도 가치 있는 삶이다.

✳ 먼저 상대방을 인정하라

내가 중학교 2학년 때 음악시간이었다. 선생님은 합창단 합격자 명단을 발표했다. '정광하!' 분명 내 이름이 호명되었다. 혹시 잘못 들은 게 아닐까?

"선생님! 정말 정광하 합격이에요?"

"그래."

"아, 잘못 부르신 거 아니에요? 정말 저 합창단에 합격한 거 맞아요?'

"그래 그렇다니까. 오늘부터 수업 마치고 남아. 합창 연습해야 하니까."

'온 가족이 나 보고 음치라고 할 정도여서 노래와는 담 쌓고 살았는데 내가 합창부에 단원으로 합격하다니. 그것도 실기시험을 통과해서…' 나는 감격했다. 하지만 연습시간이 되면 맨 뒷자리에서 멍하니 앉아 있거나 악보로 얼굴을 가리고 참여했다. 내가 음악 선생님의 판단을 인정하지 못했고, 합창단원에 뽑힐 정도의 실력이 아니라는 생각이 나를 지배했기 때문이다.

얼마 후, 그 분야에 전문가인 음악 선생님이 나를 뽑았다는 생각을 하게 되었을 때 나는 열심히 합창 연습을 했다. 지금의 나는 노래를 제법 잘한다는 소리를 듣는다. 전문가인 음악선생님의 실기시험을 통해 선발된 합창부 단원이었다는 사실이 노래 앞에 주눅 들지 않게 만든 힘이 되지 않았나 싶다.

나는 과일가게에서 과일을 살 때 과일에 대한 전문가인 사장님께 골라 달라고 한다. 내가 아무리 잘 골라도 전문가만 하겠는가? 과일가게 사장님은 혼신을 다해 과일을 골라 주신다. 그리고 때로는 덤이라며 과일을 더 얹어 주신다.

"덤은 안 주셔도 돼요. 과일 하나 더 먹어도 그만이고 안 먹어도 그만이지만 사장님은 모든 고객에게 덤을 주다 보면 이익이 줄

어들잖아요. 이렇게 집 옆에 믿고 살 수 있는 과일가게가 있는 것만으로도 감사한데 무슨 덤까지요. 이익을 봐야 더 좋은 과일을 계속 편하게 사 먹을 수 있잖아요."

그러면 대부분 사장님들은 당황해 하면서도 애써 좋은 과일을 골라 주신다. 과일이 최상품이 아닌 경우에는 맛있는 과일이 어떤 종류인지까지 자세하게 설명해 주신다.

그 덕분에 어떤 과일을 먹을지 고심하지 않는다. 그 과일가게에 가서 "사장님! 요즘은 무슨 과일이 맛있어요?"라고 여쭤보기만 하면 맛있는 과일의 종류를 안내하고 골라 주신다.

내가 인정받으려 애쓰는 것보다 훨씬 쉽게 인정받을 수 있는 방법은 상대방을 먼저 인정하면 된다. 내 전문 분야도 노력해서 인정받기 어려운데 굳이 다른 전문가가 즐비한 영역까지 침범할 필요가 있을까? 내가 먼저 분야별 전문가를 인정하고 그 전문가의 도움을 받으면서 더불어 살아가는 것도 괜찮다.

✹ 고정관념의 틀 깨기

2년 전에 군산 C병원에서 강의를 한 적이 있다. 먼저 병원장님을 찾아뵙고 병원장님도 교육에 참석하시면 좋겠다고 말했다. 그러자 병원장님은 그 시간에 수술이 있어서 참석하지 못한다고 했다. 나는 물러서지 않고 "네! 그러세요? 그럼 수술 끝나고 참석하시면 되겠네요" 하자 원장님이 뜨악한 표정을 지으셨다. 옆에서 행정을 담당하는 부원장이 이렇게 말했다.

"우리 원장님은 교육에 참석하지 않아요. 지금까지 교육에 참석한 적이 없으십니다."

"그러니까 오늘은 꼭 참석하시면 되겠네요."

내가 쉽게 포기하지 않고 다시 권하자 그 옆에 있던 사무장이 한마디 덧붙였다.

"필요한 것은 준비해 드릴 테니 직원들만 교육해 주세요."

나는 환하게 웃으며 다시 한 번 권했다.

"외부에서 어떤 사람이 와서 교육하더라도 병원장님이 참석하지 않는 교육은 의미가 없습니다. 저야 강의 한 번 하고 떠나면 그만이지만, 병원장님의 참석 여부에 따라 직원들의 사기가 달라질 겁니다. 병원 직원 모두의 마음과 행동이 변화되기를 원하는 게 교육의 핵심이잖아요. 그 변화로 인해 병원 직원들이 협력하고 발전하는 모습을 기대하는 교육에 병원장님이 참석하시는 것이 꼭 필요합니다."

나의 간곡한 부탁에 병원장님은 수술을 마치는 대로 참석하기로 했다. 교육을 30분쯤 진행했을 때 병원장님이 들어오셨다. 그 순간 함께 있던 병원 직원들의 눈빛이 달라졌다. 병원장님이 직원들과 함께하는 모습이 보기에 좋았다. 직원들도 적극적으로 참여해서 교육을 즐겁게 진행했다.

교육을 마친 후 몇몇 직원들의 소감을 들었다. 교육도 좋았지만 병원장님이 참석하신 것만으로도 오늘 '대만족'이라고 말했다. 병원장님도 직원들과 함께한 시간을 통해 직원들의 속마음을 조금

이나마 알게 되어 기쁘다고 하셨다. 일정을 마치고 돌아가려던 차에 병원장님과 사모님이 나를 저녁식사에 초대해 주셨다. 그 자리에서 병원장님이 이렇게 말씀하셨다.

'병원 직원들을 위한 교육이 필요하다고 생각했지 내가 참석해야 된다고 생각하지는 못했어요. 병원에서 단 한 사람도 소중하지 않은 사람은 없지만, 중요한 일은 병원장인 나와 의사들 몫이라고 생각했어요. 교육 또한 우리 병원의 모든 직원들이 받아야 하는 것이지 병원장인 나와 의사들은 예외라고 생각했습니다.

그동안 직원들이 월급 받는 만큼 일하는 것은 당연하다고 생각했어요. 우리 모두 각자의 역할에서 꼭 필요한 사람이라는 것을 행동으로 보여 주지 못한 내가 가장 큰 문제였군요. 모두 각자 맡은 일을 잘했기 때문에 이 병원에 신뢰도가 생기는 거라고 생각하니 직원들에게 고마운 마음이 들더군요."

그래서 병원장님은 앞으로 모든 직원들을 만날 때마다 "당신이 있어서 이 병원이 잘 된다"고 인정하는 표현을 먼저 하겠다고 약속하셨다.

그 병원을 소개했던 모 제약회사 직원이 활짝 웃으며 이렇게 말했다. "저는 이 병원을 담당한 지 3개월 남짓 되었어요. 식사하던 중에 전임자에게서 전화가 걸려왔기에 지금 병원장님이랑 식사중이라고 했어요. 그랬더니 그는 3년이 넘게 그 병원 담당자로 출입했지만, 병원장님에게 커피 한 잔 대접받은 적이 없는데 당신은 무엇을 했기에 저녁식사 대접을 받느냐며 놀라더라고요."

우리 모두는 누군가의 인정을 통해 자신의 가치를 확인받는다.

"몸이 아프면 어디로 가야 합니까?" 하고 물으면 대부분의 사람들은 "병원에 가야지요"라고 말한다. 그러면 "마음이 아프면 어디로 가야 하나요?" 하고 물으면 잠시 머뭇거리다가 "친구요", "상담사요"라고 대답한다. 어쩌다 한 사람쯤 조그마한 목소리로 "정신병원이요"라고 대답한다. 병원은 몸과 마음이 아픈 사람이면 누구나 가야 하는 곳이다. 그렇기 때문에 누구보다 병원에 근무하는 이들의 마음 상태는 평안하고 건강해야 한다.

병원 교육을 많이 다녀보니 의외로 힘들어하는 사람들이 많았다. 병원에서 근무하는 모든 이들에게 무조건 소명의식을 가지고 근무하라고 요구하는 것만이 옳은 일은 아니다. 의사나 간호사들이 병원에서 첫 근무를 시작할 때는 대개 아픈 사람들에게 도움을 주고 싶다는 소명감을 가지고 출발한다. 그러나 과중한 업무와 스트레스가 커지면서 점점 지쳐 간다. 그러다 보면 소명의식도 조금씩 희미해지고 그저 평범한 직업인이 된다.

그럴 때 병원에서 직원들이 가장 인정받고 싶은 사람은 바로 직장 상사인 병원장일 것이다. 사람의 생명을 다루는 귀한 일을 하는 사람으로서 자신을 인정하고 동료들과 타인들에게서 인정받으며 일할 때 더욱 열과 성을 다할 수 있다. 그런 점에서 병원장이 함께 교육을 받는 것은 직원들을 인정한다는 면에서 큰 의미가 있다.

✳ 누가 너더러 '보배'라고 그러던?

우리나라는 2002년 4월 1일부터 전화기에 발신자 표시가 시행되었다. 그래서 요즘은 전화를 받을 때도 "여보세요", "누구세요" 하며 서로 인사하고 안부를 묻던 과정은 사라지고 본론으로 바로 들어가 '빨리빨리' 용건 위주로 통화하는 데 익숙해졌다.

내가 누구인지 얼마나 귀한 존재인지 이 지구상에서 얼마나 희소가치가 있는 존재인지 알기 전에는 항상 내 이름을 말하며 전화를 받거나 걸곤 했다. 하지만 내가 얼마나 귀한 존재인지 알고 나서 친한 사람들과 통화할 때면 나는 종종 '보배입니다'라고 내 소개를 하곤 했다. 10년 전 어느 날, 나와 친한 교회 언니와 통화를 하게 되었다.

"누구세요?"

"저는 보배입니다."

"누가 그러던! 너더러 보배라고?"

"누가 그러기는요. 우리 아버지가 그러셨어요."

"아휴 이 똥강아지, 하하하."

지금도 그 언니와 통화할 때는 한층 업그레이드해서 답을 한다.

"누구세요?"

"네! 저는 예쁜 보배라고 합니다."

사람을 처음 만나면 자기소개를 할 경우가 많다. 자존감이 높고 자신감이 있는 사람들은 대개 자신이 가진 재능과 직함, 그리고 물질, 성과, 성격 등으로 자기를 소개한다. 어떤 사람은 부모나 배우자, 자녀, 형제 등 자신과 연결된 주변 사람들을 내세우고, 자신은 그들 뒤로 숨어 버린다. 당당하고 자신 있게 자신을 소개하지 못한다. 있는 그대로의 자신을 소개하지도 못하면서 타인에게는 끊임없이 인정받으려고 노력한다.

타인에게 인정받기 전에 내가 나를 있는 그대로 인정하지 못한다면 타인이 인정한들 무슨 소용이 있을까? 내가 살아가는데 타인이 도움과 영향력을 주기도 하지만, 내 삶은 내가 선택한 결과물이고 주인공은 나이기에 나를 대신할 사람은 없다. 가진 것이 없고 주변에 자랑할 만한 것이 없다고 해도 나는 이 지구상에 유일한 존재로서 천하보다 귀한 존재다.

지금부터 있는 그대로 나를 인정해 보자. 장점과 단점, 강점, 약점 모두 있는 그대로 인정하자. 그리고 장점과 강점을 발휘하면서 살아보자. 단점과 약점을 보완하려 애쓰다 보면 장점과 강점을 발휘할 기회를 놓쳐 버릴지도 모른다. 장점과 강점을 발휘하다 보면 단점과 약점은 퇴화되어 자연스럽게 사라질 수도 있다. 내가 나를 인정하는 것이 선행되어야 타인들도 나를 인정할 수 있게 된다.

한자에서 보면 사람은 '人' 즉, 두 사람이 만나야 비로소 사람이라는 뜻을 가진 사람 인(人)자가 된다. 사람은 혼자 살 수도 있지만, 무리지어 살고 그 무리 속에서 인정받아야 잘 살아갈 수 있다. 순간순간 만나는 모든 사람들은 내가 초대한 사람이다. 내가 누군가를 초대했다면 기쁘게 맞이할 것이다. 만나는 그 순간 운명의 짝이라고 생각하자. 환한 미소로 몸과 마음을 다해 정성으로 환영하자. 내 인생에 제일 중요한 사람은 지금 내 앞에 있는 사람이다. 나중에 내 인생에 더 중요한 사람이 나타날까 해서 지금 내 앞의 소중한 사람을 놓치는 어리석음을 범하지 말자.

옛날에 어떤 사람이 자기 자신을 인정하고 무조건 환영하는 사람을 찾기 위해 전국을 수년 동안 헤매고 다녔다고 한다. 그러던 어느 날 자기 집 근처인 것을 알고 잠시 들러 어머니를 보고 가기로 결심했다. 몇 년 만에 도착하니 어머니가 맨발로 뛰어나오며 환영했다. 나를 무조건 환영해 주는 사람은 멀리 있는 것이 아니라 바로 집, 가장 가까운 곳에 있었다는 것을 알고 전국 순례를 멈췄다는 것이다.

누구나 실수하거나 잘못할 수 있다. 하지만 잘못을 바로 인정하고 멈추면 성장한다. 이 세상에 완벽한 사람은 없다. 누구랑 비교하지 말고 있는 그대로의 가치를 인정하자. 이 세상 어디를 둘러봐도 나라는 사람은 하나다. 희소가치로 보자면 가장 가치 있는 것이 '나'라는 존재다. 돈으로도 살 수 없고 만들 수도 없는 세상에 유일한 '나'에 대한 평가를 먼저 해야 한다.

나는 세상에 태어나 부모님의 무조건적인 사랑을 받았다. 그리고 언니, 오빠, 누나, 동생으로 불렸다. 이제는 부모가 되어 '엄마 아빠'로 불리기도 한다. 지금도 나는 나의 가장 좋은 친구다. 직장에서는 꼭 필요한 사람이고, 가정에서는 없어서는 안 되는 사람이다. 내가 살아가는 매순간이 쌓여 내 삶의 역사를 이룬다. 그러니 이 세상에 존재하는 마지막 그 순간까지 최상의 색과 소리로 조율하면서 순간순간을 집중해서 살아가야 한다. 나를 인정하고 타인을 인정하는 것이 행복한 삶의 첫 걸음이다.

당신 생각은 어때?

✳ 마음을 여는 열쇠

이것은 무엇일까? 부모에게서 물려받은 것으로 일정한 모양과 색깔이 없다. 살아가면서 만나는 관계 속에서 듣고 말하고 본 것으로 모양과 색깔을 만들어낸다. 어릴 때부터 부모에게서 사랑을 듬뿍 받으며 성장해 온 사람은 이곳에 좋은 기억이 차곡차곡 쌓여서 대체로 높은 자존감을 갖게 된다. 하지만 부모의 세심한 보살핌을 받지 못하고 주변 사람들에게서 긍정적인 반응을 받지 못한 사람은 불안과 두려움이 있다.

답은 마음이다. 21세기는 사람의 마음을 얻는 사람이 성공한다. 물론 성공의 개념은 각자 다를 수 있다. 하지만 사람의 마음을 얻는 것이 더불어 사는 세상에서 성공할 수 있는 기본이 아닐까 싶다.

카네기 멜론대학교에서 자신이 성공하지 못했다고 생각하는 1만 명을 대상으로 그 이유가 무엇인지 조사했다. 85퍼센트는 인간관계를 잘하지 못해서, 15퍼센트는 전문 분야의 지식과 재능이 없어서라고 답했다.

여기서 생각해 볼 문제가 있다. 어떻게 하면 사람의 마음을 얻을 수 있을까? 진정한 마음과 마음이 만나면 될 것이다. 그 진정한 마음과 마음이 만나는 단계가 있다. 처음부터 모든 경계심을 풀고 십년지기처럼 아무 불협화음 없이 만나기는 쉽지 않다.

내가 진정 원하는 것이 무엇인지 나 자신에게 질문하는 것이 우선되어야 한다. '나는 누구인가? 무엇을 원하는가? 원하는 것을 얻었을 때 어떻게 할 것인지' 끊임없이 나에게 질문할 때 마음과 직면하게 된다. 그 마음과 직면할 때 진정 마음을 열 수 있다.

언어만 조율하면 질문을 잘할 수 있을 것 같지만 마음의 준비가 되지 않으면 질문은 공허하게 허공을 맴돌다 갈 길을 잃어버릴 수도 있다. 그래서 먼저 내 마음 열기부터 시작해야 된다. 느닷없이 상대방에게 "마음을 열어주세요" 하면 열어줄 사람이 어디 있으랴. 내 마음을 열지 않고 타인의 마음을 얻기란 힘들다. 우선 내 마음부터 활짝 열어보자. 사랑하기 위해서는 마음 문을 열어야 한다. 내 마음 문은 내가 열지 않으면 아무도 열지 못한다. 밖에서 아무리 문을 두드려도 내가 문고리를 걸어 잠갔다면 어떤 방법으로 그 문을 열 수 있을까?

심리학자 에머슨은 "사람은 자기가 받아야 된다고 생각하는 만큼 받는다"고 말했다. 나는 강의할 때마다 참여자 모두가 마음을 열고 긍정적인 마음의 변화를 가짐으로 그 시간이 헛되지 않기를 바란다. 언어는 리듬을 통해 전달하고 전달 받는다. 언어 자체에만 집중하면 상대의 마음을 알 수 없다.

'네.' 긍정의 언어다.

'네.' 부정의 언어다.

'네.' 의문의 언어다.

'네.' 비아냥거림을 표현하는 언어다.

같은 '네'라는 말도 강세를 어디에 두느냐에 따라 이렇게 다양한 뜻을 가진다. 그러니 얼마나 언어를 신중하게 선택하고 표현해야 하겠는가! 우리는 어떤 생각을 마음에 채워나가느냐에 따라 괜찮은 사람이 되기도 하고, 나쁜 사람이 되기도 한다.

사람은 대체로 내가 누군가에게 도움이 되었으면 하는 마음이 있다. 누군가에게 도움을 주기 위해서는 그를 알아야 한다. 내 관점으로 그를 보는 것이 아니라, 상대방의 관점으로 그를 보아야 한다. 그런데 우리는 지금까지 그가 몇십 년 간 살아온 삶의 이면을 알려고 하지 않고, 오늘 그의 행동과 말로 과거를 재단하고 미래까지 판단한다. 어떤 각도로 바라보느냐에 따라 똑같은 색깔을 빨간색으로도 볼 수 있고, 주황색으로도 볼 수 있다.

사람의 마음을 얻는 열쇠는 칭찬과 인정이다. 먼저 상대방과 내가 다르다는 것을 인정하면 통한다. 그런데 치열한 경쟁 사회에서 성공해야 한다는 강박관념에 사로잡히다 보면 나와 다른 의견을 묵살하거나 틀리다고 말하기 쉽다. 성공의 개념은 각자가 다르지만, 보편적인 성공 개념으로 볼 때 마음을 교류할 줄 아는 사람이 성공할 수 있다.

그런데 우리가 그동안 살아온 가족문화는 서로 상대방의 마음을 알기 위해 적극적으로 노력하는 문화가 아니었다. 남녀유별(男女有別)한 유교문화의 영향이 커 보인다. 그것이 미덕이라고 교육하고 묵시적으로 동조했다. 최근 한국의 남녀평등 지수가 전세계 하위권으로 나타났다. 스위스 민간 싱크탱크 세계경제포럼(WEF)이 발표한 '성평등 보고서'를 보면 2014년 '남녀 격차 보고'에서 한국은 조사 대상 142개국 중 117위를 기록했다. 아프리카와 동급이다.

아프리카의 경우 여성들이 많다 보니 각 분야에서 만점을 받는 경우가 많아 상대적으로 우리나라가 낮게 나온 것이다. 여러 가지 한계상황을 고려하지 않았음을 인지하고 있음에도 세계경제포럼은 전세계 남녀의 격차를 줄이는 것이 목표이기 때문에 지금 사용하는 기준을 사용할 수밖에 없다고 주장한다. 어찌 되었든 우리나라의 양성평등은 아직 갈 길이 멀다는 결론이다.

우리 사회에 만연한 갑을문화 역시 상대방을 배려하고 존중하는 건강한 대화를 가로막은 요인 중의 하나다. 학연과 연고주의, 유교문화, 군대문화가 갑을문화를 만들어내지 않았나 생각한다.

요즘 대한민국은 분노로 가득 차서 마치 폭파되기 일보 직전의 활화산 같다. 이런 현상에 대해 상대방을 탓하며 '자기 수양이 부족하다', '참을성이 부족하다', '혼자만 참으면 모두가 좋을 것을 참지 못한 너 때문에 전체가 불편하게 됐다', '냄비근성이다'라고 비난한다.

1995년 미국정신의학회에서는 '화병(hwa-byung)'이라는 우리말 용어를 '한국민속증후군의 하나인 '분노증후군'으로 설명하며 분노의 억제로 인해 발생한다'고 정신장애 진단 및 통계편람에 등재시켰다. 즉, '한(恨)'이란 정서가 있는 한국에서만 관찰되는 문화 관련 증후군이며 신경질환이라고 정의한다.

그런가 하면 얼굴에 이미 불편한 마음이 표출되었어도 '화가 나지 않았다'고 대답하는 이중성을 보이기도 한다. "네! 지금 화가 많이 나네요. 자제하려고 하는데 잘 되지 않아요. 조금만 기다려 주시겠어요"라고 표현하면 문제를 해결할 수 있는 길이 열리고 스트레스를 날려 버릴 수 있다. 그런데 자신의 감정상태를 제대로 표현하지 않아서 이런 기회를 놓치는 경우가 많다.

인간은 단 1초 만에 1천만 개의 세포가 바뀌고 200개의 화학반응이 나타나는 존재이기 때문에(EBS 다큐 프라임 : 2011년 2월 28일, 남과 여 1부 끌림-무의식의 유혹, 전세계 최초로 하는 실험으로 우리나라에서 자문 교수 20여 명, 설문 참가자 1,500여 명) 순간의 짧은 표현으로 변화를 이끌어낼 수 있다.

마치 원석 하나가 세공업자의 끊임없는 절차탁마(切磋琢磨)를 통해 보석으로 거듭나는 것처럼 자신의 감정을 순간순간 솔직하게 표현하면 어느 순간 불협화음 없이 좋은 관계를 유지하게 된다. 원석이 보석으로 거듭나기 위해서는 깎고 자르는 데 아픔이 있을 것이다. 하지만 고통의 자극이 나를 성장시킨다는 데 어쩌랴. 변화는 마음 열기가 시작이라는 것을 잊지 말자. 평소에 마음 여는 연습을 하지 않은 사람이라면 아프고 고통스러울 수도 있다. 그러나 아프다고 커팅을 하지 않는다면 아무리 좋은 원석이라도 흔해 빠진 돌멩이에 불과할 뿐이다.

✹ 질문을 잘하는 사람이 성공한다!

'전세계 모든 곳의 모든 이들을 위한 세계 최고 수준의 무상교육 제공은 불가능한 꿈일까?' '왜 세계를 바꿀 엄청난 가능성을 지닌 아이들이 제대로 된 교육을 받지 못할까?' '왜 전세계 학교는 학생들의 수준에 상관없이 획일화된 수업을 하는 것일까?'

살만 칸은 이 질문에 대해 자신이 답하기로 결정했다. 그는 2004년 자신의 방에 작은 칠판을 달고 컴퓨터에 카메라를 달아 전세계 학생들을 대상으로 직접 동영상 강의를 제작해 유튜브에 올렸다. 낮에는 헤지펀드 분석가로 직장에서 열심히 일하고 퇴근 후엔 집 컴퓨터 앞에서 온라인 강의를 했다. 전세계 학생들이 자신이 만든 교육 동영상에 폭발적으로 반응했다. 그는 마침내 이 일에 사명감을 느끼고 2009년 직장을 그만두고 '칸 아카데미'에 전념한다.

사람들은 누군가가 만든 불평등한 교육환경에 한탄하지 이를 바꾸기 위해 실제로 행동하지 않는다. 하지만 그는 사람들이 문제의식을 갖고 있지만, 회피하거나 당연시하는 문제에 대해 "왜?"라는 질문을 스스로에게 던졌다. 그리고 자신이 말한 질문에 대한 답을 스스로 행동에 옮겼다.

'칸 아카데미'(Khanacademy)의 한 달 이용자가 1,000만 명을 넘어섰고, 매년 400퍼센트의 학생 수가 증가하고 있다. 현재 전세계 216개국 국가에서 28개 언어로 제공된 교육 동영상이 인터넷과 스마트폰, CD롬으로 확산되면서 '칸 아카데미'가 교육계의 혁명을 일으켰다. 수학 기초부터 물리, 경제 금융, 역사 등 유치원부터 대학원 박사과정 이상까지 세계 최고 수준의 무료 수업 동영상을 4천 개 이상 제공하고 있다. 살만 칸이 교육의 혁명가가 된 이유는 사소한 질문에서 시작되었다.

질문할 때 이미 답을 정해놓고 하는 이도 있다. 이럴 때는 질문자의 마음이 같이 혼합되어 전달된다.

'당신은 상대에게 주도권을 넘기며 상대방의 의견을 존중하는 질문을 합니까?'

'주도권을 당신이 가지고 당신의 의견에 무조건 따르기를 바라며 질문합니까?'

전자와 후자의 질문 중 당신은 어떤 스타일인가? 외모는 호감을 주나 입을 열어 말하면 비호감으로 급격하게 변해 버리는 사람도 있다. 그런가 하면 무언가에 쫓기듯이 질문을 공격적으로 하거나 이미 부정적인 결론을 내고 형식적인 질문을 하는 사람들도 있다. 대부분은 자신의 그런 질문과 대화 형태를 인식조차 하지 못하는 경우가 많다. 상대방에 대해 잘 알고 싶다면 먼저 자신의 질문 형태를 파악하는 것이 중요하다.

'예'와 '아니오'로 답변할 수밖에 없는 질문은 취조하는 질문이다. 주도권을 자신이 갖고 원하는 답을 신속하게 받아 원하는 결론에 도달하기 위한 질문법이다. 취조는 잘못했거나 증거를 잡기위해 범법자들을 상대할 때 질문하는 방법이다. 주도권을 내가 갖지 않고 상대방에게 주는 질문은 취재하듯 하는 질문이다. 타인을 알아가기 위한 대화법은 내 앞의 상대를 인터뷰 대상자로 여기며 부드럽게 질문을 해야 한다.

취재하듯 하는 질문은 다양한 답변을 상대방에게 의뢰하듯 하는 질문법이다. 때문에 상대방도 조금 편안한 상태로 다양한 답변을 할 수 있다. 물론 주도권을 넘겨 주었는데도 단답형으로 답변하는 사람들도 있다. 하지만 취재형의 질문은 상대방과 갈등을 초래하지 않고 상당한 효과가 있는 질문방법이다.

답변을 들을 때는 취재기자처럼 모든 오감을 상대방에게 집중해야 언어와 비언어를 놓치지 않고 받아들일 수 있다. 그렇게 하지 않으면 듣고 싶은 것만 듣거나 내용을 편집하고 삭제해 버릴 수 있기 때문이다. 심리학자 '칼 로저스'는 경청을 잘하려면 '상대방이 말한 것을 바꿔서 말하기, 즉 반사하기를 통해 감정 이입을 하면서 경청하라'고 한다.

질문을 어떻게 하느냐에 따라 상대방의 잠재의식과 무의식 너머에 있는 기쁜 일들과 슬픈 일들이 표현된다. 또한 기쁨은 배가되고 슬픔은 자연스럽게 치유되는 경험도 한다. 어떻게 질문하느냐에 따라 상대방의 내면을 깊이 있게 알 수 있다. 단, 개인 프라

이버시에 관해서는 질문을 삼가는 것이 좋다.

남성은 목표 지향, 결과 중심적인 경우가 많고 여성은 관계 중심적일 확률이 높다. 남성은 해결사로 나서기를 좋아하고 여성은 공감해 주는 것에 만족한다. 질문했으면 대답을 끝까지 경청하고 자신이 들은 내용을 정리해서 피드백하며 다시 한 번 확인하는 것이 좋다. 경청에 방해가 되는 요소들은 '자신을 방어하는 태도, 어떤 사람에 대해 가지고 있는 편견이나 태도, 자신의 마음속의 고민' 등이다. 질문과 경청 훈련이 지속적으로 이루어져 좋은 습관으로 자리 잡으면 자신도 모르게 성장하는 것을 경험하게 된다.

질문의 7가지 힘

1. 질문을 하면 답이 나온다.
2. 질문은 생각을 자극한다.
3. 질문을 하면 정보를 얻는다.
4. 질문을 하면 통제가 된다.
5. 질문은 마음을 열게 한다.
6. 질문은 귀를 기울이게 한다.
7. 질문에 답하면 스스로 설득이 된다.

도로시 리즈 | 동기부여 강사, 커뮤니케이션 컨설턴트

경영의 대가 피터 드러커는 '조직에서 발생하는 문제 중 60퍼센트는 잘못된 커뮤니케이션으로 시작된다'고 했다. 커뮤니케이션을 잘해서 조직에서 발생하는 문제 60퍼센트를 줄일 수 있다면 얼마나 좋은 일이겠는가? 원활한 커뮤니케이션은 시간, 감정, 비용을 낭비하지 않으면서 모두에게 상처를 주지 않는다.

한 청년이 랍비에게 질문했다. "기도하면서 담배를 피우면 안 될까요?"
랍비는 대답했다. "안 됩니다."
또 한 청년이 질문했다.
"랍비님! 담배 피우면서 기도하면 안 됩니까?"
"당연히 되지요"라고 랍비가 대답했다.
이 두 청년의 질문 핵심은 담배를 피우고 싶다는 것이다. 동일한 답변을 원하는 질문이다. 그런데 랍비의 대답은 달랐다. 처음에 질문한 청년에게는 담배를 피우면 안 된다고 대답하고, 두 번째 청년에게는 담배를 피워도 된다는 것이다.
왜 다른 결과가 나왔을까? 자신이 원하는 것이 무엇인지 정확히 알고 질문해야 명확한 답변을 얻을 수 있다. 질문은 언어, 표정, 몸짓, 말투, 태도 등 비언어까지 관찰하고 감정 상태까지 파악할 수 있어야 제대로 된 질문을 할 수 있다. 듣고 싶은 답이 나오도록 질문을 유도하거나 그 대답이 나오지 않으면 화를 내는 사람도 있다.
질문이란 잘 사용하면 훌륭한 도구지만, 잘 사용하지 못하면 상대방에게 상처를 주는 무기가 될 수도 있다. 우리는 대개 자신을 표현하는 데 익숙하지 않은 문화 환경에서 성장했다. "개떡같이 말해도 찰떡같이 알아들어라"거나 "말 안 해도 내 맘 알지?"

하며 상대방이 내 마음을 헤아려주길 원한다. 표현하지 않아도 상대방이 내 마음과 같을 것이라고 생각하는 것이다. 그래서 오해가 생기면 말을 잘하지 못한 내가 원인 제공자가 아니고 잘 해석하지 않은 상대방 탓이라고 변명한다. 무의식 속에 불편한 문제들은 상대방에게 원인을 돌린다. 책임을 지고 싶어 하지 않는 마음이 있는 것이다.

상대방의 마음을 열고 싶을 때 어떤 질문이 심금을 울릴 수 있을까? 사람마다 자신만의 질문 패턴이 있다. 자신조차 잘 인지하지 못하고 던지는 질문도 있다. 상대방의 마음 상태가 묻어 나오는 답을 들었을 때 제대로 된 질문을 한 것이다. 대화하면 할수록 상대방을 더 깊이 이해할 때 심리적 거리는 가까워질 수 있다.

만족도가 높은 대화가 선순환을 일으키며 확산될 때 소통되지 않아 고통받는 일도 줄어들 수 있으리라. 질문을 어떻게 하느냐에 따라 상대방을 바라보는 시선도 달라진다. 세상에서 일어나는 모든 일은 긍정적인 면과 부정적인 면이 있고, 순기능과 역기능이 있다. 같은 현상을 보고도 서로 다른 해석을 하는 이유는 보는 사람의 가치관과 신념이 다르기 때문이다.

상대방에 대한 애정과 관심은 있지만 어떻게 표현해야 하는지 모르는 경우가 많다. 그래서 자신의 마음과 다르게 말해 갈등을 증폭시키거나 관계를 멀어지게 하기도 한다. 사람을 잘 알아가기 위해서는 대화의 방향이 중요하다. 먼저 그 사람의 내면세계 즉, 본질에 가까운 것을 알아가려고 노력해 보자. 모든 사람은 다 다르고 소중하기 때문이다.

☀ 첫 인상의 유효 기간은?

질문이 소통의 첫 걸음인 것처럼 첫인상도 소통의 시작점이 된다. 시각과 청각의 자극이나, 온라인 또는 직접 만남에서 첫인상을 형성하고 향후 상대와의 소통에 영향을 주기도 한다. 처음 형성된 첫인상은 쉽게 바뀌지 않는다. 첫인상의 법칙 중에 '초두효과(primacy effect)'가 있다. 동일한 정보일지라도 처음 입력된 정보가 나중에 입력된 정보보다 더 강력한 힘을 발휘하는 것을 말한다. 사회심리학자 애시(Asch)는 피험자에게 상대방을 묘사하는 여섯 가지 형용사를 들려주고 그 사람을 평가하는 실험을 했다.

A: 똑똑하고, 근면하고, 충동적이며, 비판적이고, 고집이 세며, 질투심이 많다.

B: 질투심이 많고, 고집이 세며, 비판적이고, 충동적이며, 근면하고, 똑똑하다.

이 실험은 모든 것이 동일하고 단지 형용사의 순서만 바뀌었을 뿐인데 결과는 다르게 나타났다. 긍정적인 형용사가 먼저 제시된 상대에게 호의적인 인상을 느끼는 것으로 나타난 것이다.

보통 사람들은 첫인상이 좋은 이에게는 관대한 경향을 보인다. 연기자들이 악역을 하면 이미지 변화를 꾀하기 위해 한 동안 기간을 두고 새로운 연기 변신을 통해 새롭게 이미지를 형성하기도 한다. 하지만 이때 이미지 변화를 제대로 못하게 되면 그 연기자는 강렬했던 악역에서 벗어나지 못해 한동안 어려움을 겪기도 한다. 처음 사람을 만나면 상대방에 대한 정보가 없기 때문에 시각과 청각에 의해 각인되는 정보를 액면 그대로 받아들인다. 그 후에 들어오는 정보는 이미 각인된 정보에 의해 일관되게 해석하려는 경향이 있다.

누군가를 소개받을 때 우리는 이미지로 상대방을 평가한다. 그가 내 마음에 부정적인 이미지로 각인될 때 아무리 질문이 호의적이더라도 나는 부정적으로 답하거나 질문을 애써 외면하기도 한다. 따라서 '내가 어떤 사람으로 기억되고 싶은지, 어떤 사람으로 평가받고 싶은지, 어떤 일을 하는 사람으로 인정받고 싶은지'에 따라서 첫인상을 관리하는 것이 바람직하다. 첫 만남에서 질문하고 답을 하는 것도 첫인상을 결정하는 요소이기 때문이다.

한 나라의 이미지를 결정하는 데는 여러 가지 요인이 있다. 그중에 하나로 공항을 꼽는다. 그 나라에 입국하면 첫 발을 내딛는 곳이 공항이기 때문에 공항의 이미지로 그 나라를 평가하기 쉽다. 전세계 공항 이미지 가운데 우리나라 인천공항이 몇 년째 1위를 계속하고 있다. 여러 요인들을 종합적으로 평가해서 1위를 선정하지만, 그 요인들 중 특등을 한 것은 깨끗한 화장실이다. 첫 이미지가 좋으면 그 뒤에 오는 모든 것들에 대해 관대한 마음을 갖는다.

우리도 첫인상에 의해 '똑똑할 것 같다, 따뜻할 것 같다, 유능할 것 같다' 하면서 그 사람을 평가하지 않는가? 당신은 사람들에게 어떤 이미지로 각인되길 원하며 어떤 이미지로 알려져 있는가?

캘리포니아대학교 심리학과 교수인 앨버트 메라비언(Albert Mehrabian)이 발표한 '메라비언 법칙'에 따르면 사람을 처음 볼 때 시각적인 요인들이 55퍼센트, 청각적인 요소들이 38퍼센트, 말의 내용이 7퍼센트로 상대방의 첫인상이 결정된다고 한다.

사람은 눈으로 본 것 중 자신이 아는 것만 여과지를 통해 인지하고 판단된 정보를 분석해서 결론을 낸 뒤 그 사람을 잘 안다고 평가한다. 자신의 가치관과 신념, 그리고 지적 수준, 판단 능력, 성격, 꿈 등 내면의 정보에 의해 판단한다. 시선과 표정, 체형, 의상, 말의 속도나 목소리, 음의 고·저, 태도 등 외면의 요소들도 사람을 평가하는 데 영향을 미친다. 오랜 세월이 흐른다고 해서 상대방을 잘 알게 되는 것도 아니다. 사람은 계속 조금씩 변화하기 때문에 내가 아는 정보로 그 사람을 다 안다고 생각한다면 오산이다.

그럼에도 불구하고 첫인상으로 사람을 판단하는 경우가 많다. 왜 그럴까? 한 사람을 알기 위해 오랜 시간을 투자할 여력도 없고 그럴 마음도 없다. 최소한의 투자로 많은 결과를 얻기를 원하는 구두쇠 인지론이나 후광효과, 초두효과로 판단하기 때문이다. 첫인상에서 부정적인 이미지일 경우 그 원인이 사라지려면 최소 48시간 정도가 소요된다. 긍정보다 부정이 훨씬 강력하기 때문이다.

나를 다 알 수 없듯이 타인을 다 알 수는 없다. 그러나 그 시작이 첫인상에서부터 시작되는 데는 반론의 여지가 없다. 첫인상을 좋게 하기 위해 관리할 수 있는 최상의 방법이 있다. 사람을 처음 대하면 약 74퍼센트가 얼굴을 본다. 얼굴을 보면서 상대방을 평가하고 판단한다. 첫인상이 미소 띤 표정으로 기억된다면 상대방도 당신에게 호감을 보일 수 있다. 얼굴의 표정근육은 약 80개인데 웃으려면 약 15개의 근육을 사용하고, 인상 쓰려면 약 46개의 근육을 사용한다. 15개만 움직이면 웃을 수 있는데도 습관이 되지 않으면 웃는 표정은 상당히 어색하다. 또 웃는 표정을 지속하지도 못한다.

그런데 인상 쓰려고 노력하는 사람을 보았는가? 우리는 마음이 조금만 불편해도 저절로 얼굴을 찡그리거나 무서운 인상을 만든다. 내 얼굴을 보는 사람은 상대방이지 내가 아니기 때문에 평소 하던 대로 무의식중에 그냥 인상을 쓰게 되는 것이다. 신기한 것은 나머지 근육의 약 19개는 내가 웃으면 웃는 데 사용되고, 인상 쓰면 인상 쓰는 데 사용된다.

내가 어떻게 하느냐에 따라 내 주변에 있는 사람들이 달라진다. 주변에 웃는 사람들이 많은지, 아니면 인상 쓰는 사람들이 많은지 결과에 따라 내 모습도 달라진다. 유유상종(類類相從)이라고 한다. 웃는 얼굴은 돼지도 비싼 값에 팔린다. 하물며 사람은 어떻겠는가? 부정이 긍정보다 강렬하다. 부정적인 각인으로 48시간 동안 노력해서 원점으로 돌릴 것인가? 처음부터 첫인상을 관리하여 긍정적인 모습으로 각인될 것인가? 당신의 선택에 달렸다. 하지만 이미지만 너무 강조해서 허상에만 매달려 본질을 놓치고 있지는 않은지 살펴볼 일이다.

첫인상이 그 사람 전체의 모습은 아닐지라도 많은 영향을 받는 것이 사실인 만큼 웃는 모습만 잘 관리해도 된다. 파스칼은 "습관은 제2의 천성이다. 제2의 천성은 제1의 천성을 파괴한다"고 했다. 가능하다면 첫인상 관리를 잘해서 천성처럼 스며 나오도록 습관이 되게 하는 것이 좋다. 당신은 첫 만남에 어떤 이미지와 영감을 주는 사람인가? 그 느낌은 얼마나 지속되는가? 질문을 잘하고 싶은가? 또는 질문에 답을 잘하고 싶은가? 먼저 첫인상부터 관리하자.

뒤센 미소

'뒤센 미소'는 19세기 프랑스 신경학자 기욤 뒤센이 발견해 그의 이름이 붙은 미소로 어떤 가식 없이 자연스럽게 나오는 미소를 말한다. 뒤센미소의 특징은 '입술 끝이 위로 당겨지고, 두 눈이 안쪽으로 약간 모아질 때 눈가에 주름이 나타난다. 두 뺨의 상반부가 들려질 때 얼굴은 행복한 상태를 나타낸다. 이때 눈가의 안륜근(표정근)이 수축된다. 하지만 가짜 미소의 특징은 입은 웃고 있으나 눈은 웃지 않는 웃음이다.

하커(Harker)와 켈트너(Keltner)는 1958년과 1960년에 캘리포니아 오클랜드에 있는 밀즈 칼리지 졸업생 141명을 대상으로 졸업 앨범 속에 나타난 사람들의 표정을 정밀 분석하였다. 그중에서 50명의 졸업생들이 환한 뒤센의 미소를 짓고 있었고, 나머지는 인위적인 미소를 짓고 있었다. 이 졸업 사진의 주인공들이 각각 27세, 43세, 52세가 되는 해에 연구자들은 인터뷰를 통해 그들의 삶의 다양한 측면에 대한 자료를 수집하여 비교했다.

그 결과 환한 미소를 지었던 '뒤센 미소 집단'은 '인위적 미소 집단'에 비해 훨씬 더 건강하였으며, 병원에 간 횟수도 적었고, 생존율도 높았다. 결혼 생활에 대해서도 훨씬 높은 만족도를 보였으며, 이혼율도 더 낮았다. 평균 소득 수준 역시 뒤센 미소 집단이 훨씬 더 높았다. 이는 평소에 진정한 기쁨을 누리는 습관을 가진 사람들이 그렇지 않은 사람에 비해 훨씬 더 건강하고 행복한 삶을 살아간다는 것을 증명한 것이다.

✴ 감정의 쓰레기통 비우기

어떤 사람은 무슨 말을 해도 호감인데, 어떤 사람은 무슨 말을 해도 비호감인 경우가 있다. 신기하게도 말이란 내면을 반영하고 투영하게 되어 있다. 내 안에 존재하는 감정들이 언제나 섞여 나올 수밖에 없다. 성경은 "선한 사람은 그 쌓은 선에서 선한 것을 내고 악한 사람은 그 쌓은 악에서 악한 것을 내느니라"(마태복음 12:35)고 한다. 누군가 나에게 '아름다운 말을 해야지! 개떡같이 말해도 찰떡같이 알아들어야지'라고 하더라도 의식하든 하지 않든 내면의 감정이 처리되지 않을 경우 의지와 관계없이 자신의 감정이 묻어나오기 마련이다.

누군가 실수했을 때 다시는 실수하지 않도록 직설화법을 사용해 눈물이 쏘옥 나오도록 주의를 주었다고 가정해 보자.

'역시 가족밖에는 없군. 가족이니까 나를 위해 악역을 담당하는 거지?'

'역시 너는 좋은 친구야. 나를 위해 이렇게 아픈 말을 해주다니! 너 아니면 누가 해주겠어. 넌 나의 best friend!'

'역시 과장님이 아니면 누가 저에게 피가 되고 살이 되는 질책을 해 주시겠습니까?'

과연 이런 결과가 나올 수 있을까? 그 사람이 보지 못하는 것을 내가 봤다면 가르치려는 태도로 말하지 않고, 대안 몇 가지를 제시하며 선택권을 넘겨 주고 그가 선택할 수 있도록 하는 것이 좋다. 이런 과정을 거쳐야 자신의 실수를 수용하면서 위와 같은 대답을 하게 된다.

요즈음 언론에 비치는 비난과 냉소는 마치 소나기가 내리는 것 같다. 조롱문화가 만연해 있다. 조롱과 모욕적인 비판들이 쏟아진다. 듣는 것만으로도 불편하고 고통스럽다. 평정심을 잃고 심장이 두근거려 한참을 애쓴 다음에야 마음이 편안해진다. 비난과 모욕적인 언어를 쏟아내는 사람들은 그러고 나면 시원한 감정을 느낄까?

시궁창을 오랫동안 건드리지 않고 그냥 놔둔다면 속은 오물로 가득하겠지만, 표면은 조금 맑은 물처럼 보인다. 하지만 시궁창에 누군가 돌을 던지면 잠잠히 가라앉아 있던 오물들이 뒤섞이며 시궁창의 본래 모습으로 돌아온다. 시궁창을 깨끗이 하려면 반드시 맑은 물로 그 시궁창의 오물과 썩은 물들을 깨끗이 흘려보내야 한다.

자신의 내면에 오물이 쌓여 있다면 상대방에게 쏟아낸들 해결될까? 상대방에게 쏟아 버린다 해서 그 오물의 출처까지 바뀌지는 않는다. 확실한 것은 비난과 냉소로 해결될 일은 결단코 없다는 것이다. 강함이 부드러움을 이기지 못한다. 지나가는 길손의 겉옷을 햇빛과 바람 중에 누가 벗겼는지 보면 그것을 알 수 있을 것이다.

비난과 냉소는 우연히 흘러나오는 것은 아니다. 내면을 가득 채운 것이 비난과 냉소이기 때문에 흘러넘치는 것이다. 매순간 사소한 불만들이 쌓이고 쌓여서 임계점을 넘어서면 비난을 멈출 수가 없다. 휴지통은 버려야 할 쓰레기들을 꾹꾹 눌러두면 일순간은 해소된 듯하다. 오래 두어도 변질되지 않는 쓰레기들도 있지만, 악취 나는 쓰레기들도 있기 마련이다. 별도의 용기에 담아 버려야 해결된다.

감정의 찌꺼기들도 마찬가지다. 순간순간 생기는 수많은 감정들을 삶의 원동력으로 사용하고 남은 것들은 배설물로 버려야 한다. 마음 한구석에 수거되지 못하고 남아 있는 수많은 감정의 찌꺼기들이 삶을 뒤흔들어 버리는 경우도 생긴다. 매순간 사용하고 남은 감정의 찌꺼기들은 분리수거를 잘해서 선순환이 되게 하자. 그래야 재활용되는 쓰레기들도 생기고, 나를 해치는 감정의 찌꺼기들이 생기지 않게 된다.

마음속의 비난과 냉소를 부드러움으로 녹여내자. 너와 내가 회복되면 따뜻함으로 선순환이 일어날 것이다. 콩 심은 데 콩 나고 팥 심은 데 팥이 난다. 콩 심어놓고 팥 나기를 원하거나 기대하지 말자. 그런 기대는 분명 실망으로 돌아올 것이기 때문이다. 힘들더라도 콩을 원하면 콩을 심고, 팥을 원하면 팥을 심는 훈련을 하자. 내가 하는 질문의 단어들을 체크해 보자. 향기가 묻어나오는 단어들인지, 악취가 묻어나오는 단어들인지. 벽을 세우는 질문들인지 벽을 허무는 질문들인지…. 내가 세운 콘크리트 벽으로 단절된 삶을 허물고, 격려와 위로와 배려를 심고 긍정으로 마무리하자.

아하, 그래서 그랬구나!

✾ 사람을 떠나게 하는 사람인가? 머물게 하는 사람인가?

　거실에 누워 무심코 창 밖의 풍경을 보니 눈부시도록 청명한 하늘과 빛나는 햇살이 참으로 아름다웠다. 자연의 신비롭고 경이로움에 감탄하는 사이 어느새 나도 모르게 눈물이 주르륵 흘렀다. 익숙한 삶의 길에서 이탈한 것 같은 막막함과 고통 속에 헤매고 있는데, 세상은 나의 고통에 아무런 상관없단 듯이 너무 아름다워 절망감마저 들었다.

　IMF는 우리 집에도 찾아왔다. 형제 중 한 명이 도산해 그동안 물심양면으로 도움을 주었던 가족 모두의 삶이 휘청거리며 위기를 겪었다. 그 여파는 그 당시 부모님과 함께 살던 내가 고스란히 떠안아야 했다. 수시로 집에 찾아오는 채권자들의 험한 소리를 들어야 했다. 나도 한편 피해자이면서 그들을 만나 위로하고 때로는 자포자기하기도 했다. 한동안 평정심을 찾기 어려웠다.

빚을 갚으라고 찾아오는 사람들에게 차를 대접하며, 힘든 마음과 아픔은 이해하지만 내가 해 줄 수 있는 것이 없다고 솔직하게 말했다. 그랬더니 그들은 나의 고통이 더 큰 것 같다며 오히려 위로해 주었고, 우리 집에 다시는 찾아오지 않겠다며 돌아갔다. 파산한 형제가 흔적도 없이 사라져 버려 더욱 마음이 아팠다. 나는 늘 가족의 행복이 우선이라고 생각했다. 그런데 그것이 곧 내 행복은 아니라는 것을 깨달으면서 삶의 방향을 잃어 버렸다.

어떻게 사는 것이 정말 잘 사는 것일까? 무엇이 옳은 것일까? 나는 무엇을 위해 내 삶의 주인으로 살지 못하고 객으로 살았을까? 3년이 넘도록 나의 사생활을 포기하고 조카들을 돌보며 그들을 기꺼이 지원해 주었는데, 그들이 나를 배신했다는 생각이 들자 앞으로의 삶은 희망이 없어 보였다. 내가 자발적으로 돕기로 선택했고 대가를 바라지 않고 기쁘게 한 일이었다.

그들도 최선을 다했지만 어쩔 수 없어서 그런 것이라고 마음으로 받아들이기까지 오랜 시간이 필요했다. 그 후 한동안 자취를 감춘 그들이 어떻게 사는지 궁금하고 걱정되어 수소문해 알아보니 제주도에 살고 있었다. 어렵게 비행기 티켓을 구해 그들을 만났다. 그곳을 다녀온 뒤 그들에게서 연락이 왔다. 내가 다녀간 후로 가족들이 편안해지고 덜 고통스러워한다고….

다행이었다. 여러 번 재방문을 하며 다시 서울로 올라와 재기하라고 제안했다. 이를 반대하는 형제들도 있었다. 하지만 내가 거듭 권유해서 그 형제는 서울로 올라왔다. 그동안 많은 우여곡

절이 있었지만, 지금은 연 매출 30억을 올릴 정도로 가정경제가 회복되었다.

경제적 회복이 인생의 전부를 좌우하는 것은 아니다. 하지만 곳간에서 인심난다고 하지 않던가. 형제가 당장 나에게 어떤 유익을 끼치지 않더라도 어렵게 살고 있는 것보다는 여유로운 삶을 사는 것을 보는 것만으로도 훨씬 편안하다. 덕분에 나는 진정으로 내가 원하는 삶이 무엇이고, 그 삶을 살기 위해서 어떻게 해야 하는지 알게 되었다. 주변 사람들로 인해 내가 고통스러울 수는 있으나 나를 죽이고 살리는 것은 결국 나 자신이라는 사실을 깨닫게 되었다.

타인을 이해하기 전에 나를 이해해야 한다. 그 후 비로소 상대방을 이해할 수 있게 된다. 나를 이해하고 상대방을 알면 이해하는 폭이 넓어진다. 내가 나 자신을 이해하지 못하면서 상대방을 이해한다는 것은 거짓이다. 상대방에 대해 잘 알지 못하면서 내 관점으로 판단하기 때문에 많은 오해와 억측을 낳는다.

잡 코리아에서 이직을 결심한 사람들을 대상으로 그 이유를 조사한 결과 많은 사람들이 함께 일하는 사람과의 갈등 때문에 이직을 결심했다고 밝혔다. 신기한 것은 그 직장에서 이직하지 않겠다고 말한 사람들도 그 이유는 사람 때문이라는 것이다.

회사에 근무하며 결근이나 지각을 단 한 번도 하지 않던 건실한 사람이 있었다. 어느 날, 그가 연락도 없이 출근하지 않았다. 그를 아는 부서의 사람들은 모두가 염려하고 걱정하며 한마디씩 한다. '무슨 일일까?' '그럴 사람이 아닌데…' '나쁜 일이 없었으면 좋겠는데…' '혹시 어디 아픈 것은 아닐까?' '혹시 사고 난 것은

아니겠지!'

반면에 항상 지각하고 결근하던 사람이 어느 날 일찍 출근한다. '야, 웬일이야!' '혹시 오늘 해가 서쪽에서 뜬 것 아닌지 봐라.' '너 무슨 일 있지!' '얼마나 지속될지 궁금하다.' '아마 내일부터는 다시 지각하게 될 걸.' '사람이 변하면 죽는다는데 네가 웬일이냐?'라며 빈정거리듯 이야기하는 경우가 있다.

비록 그 친구의 그간의 태도와 행동들이 이해하기 힘든 부분이 있었을지라도 새롭게 변화하기 위해 노력하는 흔적이라고 이해하며 격려한다면 어떨까?

'와! 자네 일찍 오니까 반갑네.' '교통 체증으로 일찍 나와도 지각해서 마음 고생이 심했을 텐데 오늘은 그 걱정 없어 다행이네.' '집이 멀어 출퇴근 시간이 많이 걸려 자네가 고생이지.'

이렇게 먼저 상대방의 마음을 이해하려고 했는가? 자신을 진심으로 이해하는 한 사람이 있으면 힘든 일이 있어도 쉽게 좌절하지 않는다. 어려운 일이 있어도 그 상황을 버틸 수 있는 힘이 된다. 나는 사람을 떠나게 하는 사람인가? 아니면 사람을 머물게 하는 사람인가?

✳ 원 포인트 메이크업

사람의 얼굴을 자세히 보면 한 가지는 분명 돋보이는 부분이 있다. 그런데 메이크업(make-up)을 할 때 보면 장점을 더욱 돋보이게 하는 사람과 단점을 보완하려는 사람들이 있다. 어떤 점에 중점을 두느냐는 각자 다르다. 하지만 장점을 돋보이게 하는 메이크업이 훨씬 수월하고 결과도 아름답고 만족도도 높다. 작은 차이가 큰 차이를 가져 온다.

입술이 얇은 사람은 입술을 도톰하게 하고 싶은 마음이 생긴다. 그래서 입술을 과도하게 보정해 두껍게 그린다면 만화 〈달려라 하니〉의 홍두깨 선생님 부인 고은애처럼 입술만 보인다. 자연스럽지도 않을 뿐 아니라 억지스럽기까지 하다. 뿐만 아니라 코믹한 이미지로 각인될 수도 있다. 약 0.1~0.2밀리미터만 늘려 주어도 자신의 입술은 훨씬 도톰해 보인다. 모든 부분을 다 예쁘게 보이려고 메이크업을 한다면 분장을 넘어서 변장이 될 수도 있다.

과도한 욕심은 자신만의 멋진 모습을 훼손할 수도 있다. 'make-up'이 아닌 'make-down'이 될 수도 있다. 입술에 포인트를 주고 싶다면 다른 부분은 최대한 자연스럽게 표현하면 된다. 눈을 예쁘게 포인트를 주려 한다면 입술은 물론 다른 부분을 자연스럽게 표현해야 더욱 멋진 눈을 연출할 수 있다. 가장 많은 시선을 받는 곳이 바로 눈이고 변화를 줄 수 있는 부분이 많기 때문이다. 가급적 눈에 포인트를 주고 메이크업을 하면 효과가 높아진다.

색조 화장부터 아이라인, 마스카라, 인조 속눈썹 등 다양하게 변화를 줄 수 있기 때문에 눈 화장에 포인트를 주면 새롭게 변신할 수 있다. 색조화장은 그 사람의 표정을 만들고, 아이라인은 눈 모양을 교정해 또렷하고 크게 보이게 한다. 마스카라와 인조 속눈썹은 속눈썹이 길어 보이게 함으로써 눈을 더욱 그윽하고 신비롭게 연출할 수 있다. 게다가 컬러렌즈까지…. 눈을 통한 변신은 무궁무진하다. 눈에 이렇게 많은 변화를 주었다면 다른 부위는 힘을 빼주는 것이 좋다.

혼자서 모든 것을 하려하지 마라. 내가 잘할 수 있는 것과 다른 사람이 잘할 수 있는 것들을 나눠 서로가 빛날 수 있게 하는 것이 가장 나를 돋보이게 할 수 있는 방법이다. 아름다운 조화가 메이크업의 핵심인 것처럼 주변 사람들과의 아름다운 조화는 삶을 풍요롭게 한다. 나 아니면 안 된다는 독선과 오만이 화를 불러오는 것처럼 모든 부분을 다 잘하려 한다면 오히려 정말 잘하는 부분마저 발휘되지 못하고 사장될 수도 있다. 가장 자신 있는 부분에 중심을 두어 표현하면 당신만의 빛나는 모습을 보여 줄 수 있다.

❋ 단 한 사람이 필요하다

의식주와 환경이 열악하여도 진심으로 사랑해 주는 사람이 단한 명만 있으면 아이들은 건강하게 성장한다는 연구 보고가 있다. 1954년부터 30년간, 하와이 군도 북서쪽에 위치한 카우와이 섬에서 태어난 신생아를 대상으로 30세가 될 때까지 성장 과정을 추적 조사하는 대규모 프로젝트가 진행되었다.

이 연구에서 심리학자인 '에미 워너'는 1955년에 태어난 698명 중 열악한 환경에 있는 아이들 201명을 집중적으로 분석했다. 부모가 이혼, 알코올중독, 미혼모, 마약중독, 범죄자, 무능력자, 성격

장애로 인한 심각한 가정불화 등으로 열악한 환경에서 자란 아이들이었다. 이 아이들 중 129명은 다른 집단과 달리 훨씬 심한 학습장애, 학교 부적응 증세를 보였고, 범법자가 되거나 심각한 정신질환을 앓고 있는 것을 발견했다.

그런데 놀랍게도 201명의 학생들 중 72명의 청소년들은 성적이 매우 우수하고 자신의 진로를 잘 개척하며 성장하는 것이었다. 그들에게는 특별한 공통점이 있었다. 72명의 아이들 모두에게 자신의 입장을 이해해 주고 응원해 주는 어른이 최소 한 명 이상 있었다는 것이다. 그들은 미국의 주류사회에 당당하게 진입했다. 이 얼마나 놀라운 일인가?

도대체 무엇이 이 아이들을 행복하고 건강하게 자라게 했을까? 바로 그들을 진심으로 사랑하고 지지해 주는 한 사람이 있었기에 절망의 섬이 희망의 섬으로 거듭날 수 있었던 것이다. 그래서 모니카 슈만은 "믿어 주고 사랑해 주는 사람이 단 한 명만 곁에 있어도 대부분 역경을 극복한다"고 말했다. 꼭 부모나 조부모가 아니어도 된다. 먼 친척이나, 친구, 이웃이나 선생님이 이런 역할을 할 수도 있다.

우리 문화는 자신의 감정과 생각을 자유롭게 표현하는 문화가 아니다. '참을 인'(忍)이 세 개면 살인도 면한다며 아름다운 문화인 것처럼 참을 것을 권장했다. 그리고 그 책임은 오롯이 개인에게 떠넘겼다. 무엇을 위해, 누구를 위해 참아야 한단 말인가? 눈과 얼굴은 이미 많은 말을 하고 있는데, 말로 표현하는 것은 서툴다.

"무슨 일 있냐? 기분 나쁜 일 있느냐? 어디 아픈 것 아니냐?"

이런 질문을 하면 대부분 "괜찮아요, 별일 없어요, 아니에요"라고 대답하는 경우가 많다. 하지만 사람은 모두가 연약하기에 쓰러질 수 있고, 낙담할 수도 있는 존재다. 완전무결한 사람은 없다. 이 세상 모든 사람은 내면 깊이 들어가 보면 갈등 없는 사람 없고 고민 없는 사람 없다. 스스로 해결할 수도 있고, 주변의 도움으로 해결할 수도 있을 것이다. 갈등이 생긴 것이 문제가 아니라 갈등을 무작정 덮어두는 것이 문제다. 아플 때 처음에 아프다고 말하면 가볍게 완치될 수 있는 일들을 침묵하며 혼자 끙끙 앓다가 큰 병원에 가고 고생하는 경우가 발생한다.

한국인 중에는 우뇌형이 많다고 한다. 인구의 70퍼센트 정도가 좌뇌보다 우뇌가 발달한 것으로 알려졌다. 우뇌형 인구 비율이 20퍼센트인 유럽과 30퍼센트인 일본보다 월등히 높다. 그만큼 직감이 빠른 민족이라서 꼭 말을 하지 않아도 이심전심으로 알아듣고 소통하던 때도 있었다. 지금은 이신전심이 통하지 않는 시대다. 앞집, 옆집에 누가 사는지도 모르고, 대중교통을 이용하는 승객의 다수가 휴대폰이나 휴대용 컴퓨터와 소통한다. 말을 많이 하면 가볍다거나 촉새라거나 침묵은 금이라고 하며 은연중에 소통을 억제하는 문화가 대화 단절을 불러와 지금은 사회 문제로 떠오르고 있다.

다문화 가정이 많이 늘어났다. 하지만 여전히 우리는 단일 언어를 사용하는 사람들로 쉽게 소통할 수 있는 환경이다. 대가족제도가 해체되면서 모두가 바빠서 개개인의 아픔을 바라봐 줄 사람이 없다. 경제 성장이 우선시되면서 가시적인 성과에만 급급한 나머지 내 이야기를 들어줄 여유가 사라졌다. 이전에 거실에 한 대만 있던 TV가 방마다 있고, 전화 한 대로 온 가족이 소통하던 때가 까마득한 옛날 일이 되어 버렸다. 이제 유치원생, 초등학생들까지 휴대폰을 가지고 있을 정도로 온 가족이 기계하고만 소통하며 자신만의 세계에 갇혀 시간을 보내고 있다. 해마다 우울증 지수는 높아가고, 자살률은 증가하고 고독사가 늘고 있다.

이런 문제를 해결할 수 있는 해답은 무엇일까? 그동안 참아왔기 때문에 정작 말을 해야 할 때 제대로 못한다. 감정만 폭발시켜 문제 해결도 못하고 새로운 문제들을 양산하기도 한다. 무조건 참지 말고, 자신의 의견을 표현하는 훈련을 해야 한다. 참지 말라고 해서 무조건 부딪치라는 뜻이 아니다. 자신의 마음 상태를 차근차근 잘 표현할 줄 알아야 극단적인 감정 조절에 실패하는 것을 예방할 수 있다는 것이다. 아플 때 바로 아프다고 표현할 줄 알아야 대처가 가능하다. 왕따, 폭력, 폭언들을 예방하거나 바로 응급조치를 해 피해를 줄일 수 있다.

누구든 실제로 타인의 삶에 깊이 관여하기는 쉽지 않다. 어떤 문제가 발생하면 내가 그 사람을 위해 해 줄 수 있는 일들이 생각보다 많지 않다. 오직 해 줄 수 있는 것 중에 가장 쉬운 것이 들어주는 것이다. 상대가 이야기할 때 고개를 끄덕이거나 미소를 보내거나 맞장구를 쳐주거나 눈빛을 마주하거나 손을 잡아 주는 것이다. 지치고 불안해하며 무언가에 잔뜩 화가 난 상태로 하루하루를 보내는 이들이 많다.

'무엇이 이들을 이렇게 지치게 만들었을까?'

'누군가 걸리기만 하면 가만두지 않을 거야!'

'나를 이렇게 만든 사람들을 혼내 줄 거야!'

이런 생각에 꽉 찬 사람처럼 스트레스가 쌓여 폭발 직전에 있는 사람들의 모습을 보면서 참 안타깝다. 무엇을 더 가져야만, 무엇을 더 알아야만 상실감과 분노에서 벗어날까? 태어날 때 그들은 이미 부모님의 소중한 아들, 딸 그리고 언니, 오빠, 동생이었다. 또한 누군가의 소중한 친구이자, 동료이고, 귀한 이웃이다.

이런 사람들인데 '왜, 무엇이' 그토록 우리를 힘들게 한단 말인가? 지금 이 시간 긍정의 에너지를 찾아 여행을 떠나 보자. 그 여행을 통해 내 안에 켜켜이 쌓여 있던 긍정적인 경험들을 발견하고, 깨끗하게 정리하여 옷장에 걸어보는 시간이 필요하다.

'힘들고 지칠 때, 스트레스 받았다고 느껴질 때, 상처받았다고 느껴질 때, 혼자라고 느껴질 때 등 부정적인 상황들이 다가올 때마다 긍정적인 에너지로 그 부정적인 상황을 녹이거나 상쇄시켜야 한다. 누구에게 잘 보이려고 한다거나 자신의 삶을 아름답게 포장하라는 것이 아니다. 이전에 느끼고 경험했던 긍정적 정서들을 찾아 표현해 보자.

보통 사람들은 특별한 날, 멋진 모습으로 변신하고자 할 때 옷장에 많은 옷이 있지만, 입을 옷이 없다고 투덜거린다. '정말 입을 옷이 없는가?' 질문하면 쉽게 답변하지 못한다. 분명 자신의 선택에 의해 옷장에 가득하게 채워진 옷들인데 한 번도 선택받지 못한 옷처럼, 그동안 제 역할을 못한 옷처럼 여긴다.

계절별로, 컬러별로, 형태별로 분류해 놓고 필요 없는 옷들은 과감히 정리해 보자. 사람의 마음 상태도 자주 겉으로 표현해서 필요한 감정들은 저장해 놓고 아프고 고통스러운 감정들을 정리해야 한다. 내가 단 한 사람의 이해와 지지가 필요한 것처럼 건강한 정서를 가지고 나도 누군가에게 꼭 필요한 이해와 지지를 해주는 사람이 되자.

✱ 모든 사람의 사랑을 받을 수는 없다

많은 사람들이 나를 유심히 지켜보며 관심 가질 것 같지만 실제는 그렇지 않다. 내 눈썹이 비대칭으로 그려져도 타인은 별로 신경 쓰지 않는다. 그런데 당사자는 하루 종일 온통 비대칭 눈썹에 마음이 쏠려 있다. 대중들의 관심을 받는 직종에 종사하는 사람이 아니라 지극히 평범한 사람인데도 말이다. 많은 에너지들이 중요하지 않은 곳에 사용되고 진짜 필요한 곳에는 방전된 상태가 된다.

아침에 눈을 뜨고 눈곱만 떼고 입술에 립스틱 하나 바르고 나가도 세상 사람들은 내가 세수했는지 안 했는지에 관심도 없다. 뿐만 아니라 알고 싶어 하지도 않는다. 그런데 왜 나는 항상 타인들에게 시선이 향해 있을까? 왜 타인의 평가에 목 말라할까? 타인이 내 인생의 의미를 결정해 주는 사람들인가?

소금물을 마시면 마실수록 갈증은 더해진다. 내 삶이 타인의 시선에 따라 좌우된다면 왜 그런지 생각해 보자. 어려서부터 어떤 상황들로 인해 마음이 흐르는 대로 살지 못하고, 타인의 시선에 의해 소중한 내 인생을 낭비하고 있는지 살펴보자. 그 원인을 발견하는 순간 타인의 시선에서 자유로워질 수 있다.

진정한 나 자신의 모습을 발견하지 못하면 행동과 생각은 변화하지 못한다. 삶의 중심은 나다. 여기에 타인들의 관심을 더해 중심을 단단히 한 다음 줄기를 넓게 뻗고 열매를 풍성하게 맺으며 더불어 살아가는 것이 좋은 방법이다.

모든 사람에게서 사랑받는다면 좋을 것이다. 하지만 모든 사람의 사랑을 받을 수는 없다. 이것이 현실이다. 나도 이 세상 모든 사람을 사랑하지 않을 뿐 아니라 사랑하려고 노력하지도 않는다. 지극히 평범한 나로서는 버거운 일이기 때문이다. 내가 좋아하는 사람들과 나를 좋아해 주는 사람들과 어울려 서로 힘을 실어주며 살고 싶은 소망이 있을 뿐이다.

힘이 되는 사람들에게서는 더욱 에너지를 공급받고, 에너지를 고갈시키는 사람들은 지금부터 멀리 하라. 내가 사랑하고 사랑을 준다고 해서 모두가 나를 사랑하지는 않는다. 그런데 굳이 나도 그들을 사랑하지 않으면서 사랑을 원하지도 않는 사람들의 시선 때문에 내가 휘청거릴 필요는 없다. 나를 좋아하고 긍정의 에너지를 주며, 매순간 성장하게 하고 유익을 주는 사람들과 함께하기에도 시간이 부족하다.

그런데 만나면 기분이 상하고 긍정의 에너지를 고갈시키고 불편하게 하는 사람들을 굳이 만날 필요가 있을까? 마음의 평화를 주는 사람들과 함께하기에도 삶은 짧다. 멀리 오래 가고 싶으면 좋아하는 사람들과 함께 가라. 그것은 진짜 자신만의 삶을 살 수 있을 때 가능하다.

✳ 내가 누구인지 안다는 것은

　강형구 화가의 얼굴 작업은 '자화상, 특정인, 불특정인' 3가지로 분류된다. 자화상을 통해 시간의 흔적과 세월을 담아낸다는 그는 "특정인들의 얼굴 속주름 하나하나에 삶과 시간의 흐름을 표현함으로써 그들이 살아낸 시대의 역사를 읽어가는 과정"이라며 초상화에 대한 남다른 애정을 갖는다. 사람은 특정 순간들이 모여서 지금의 내가 된다. 특정한 순간을 나라고 착각하는 순간 자신의 정체성을 잃어버릴지도 모른다. 우리는 한순간을 통해 자신의 정체성을 잃어버리기 시작하면 타인의 시선에 의해 자신을 평가하는 데 익숙해진다.

　그는 이렇게 묻는다. '짝퉁을 만들어 판매하는 사람은 판매할 때 이미 짝퉁임을 밝힌다. 그런데 짝퉁을 구입한 사람은 짝퉁임을 밝히지 않는다. 그걸 밝힌다고 당신을 누가 짝퉁 같은 사람이라고 생각하겠는가?' 이 얼마나 아이러니한 일인가? 짝퉁을 만든 사람은 자신이 짝퉁을 판매한다는 것을 시인하는데 그 짝퉁을 구입한 사람은 짝퉁이라는 것이 밝혀질까 봐 전전긍긍한다.

　내가 나를 어떻게 보느냐에 따라 내 존재는 더욱 빛난다. 왜곡된 시선과 자아로 자신을 망가뜨리는 사람들을 보면 안타깝기 그지없다. 주변에 많은 사람들과 환경이 자신에게 영향은 줄 수 있다. 하지만 현재 자신의 모습과 생각은 내가 선택한 결과물이다. 왜곡된 자아상을 가지고 있는 사람은 스스로 자신을 어떻게 평가하는지 관심을 갖지 않는다. 주변의 시선 때문에 내가 이렇게 됐다며 타인에게 책임을 전가하는 경향을 보인다.

나를 세상에 하나밖에 없는 귀한 존재로 여기면 주변의 시선과 평가에 흔들리지 않을 수 있다. 이것은 자신을 놓아 버리는 어리석은 결정을 하는 경우를 예방하는 첫 걸음이다. 전세계 자살률 1위라는 불명예를 안고 있는 우리나라의 현실을 보면 정말 안타깝다.

초등학교를 졸업하던 시기에 공부를 제법 잘하던 친구가 있었다. 그 친구는 집안 형편이 어려워 중학교 진학을 포기했다. 담임 선생님은 그 친구의 처지를 안타까워하며 어떻게든 중학교 진학을 도우려 애쓰셨지만, 그 친구는 서울 공장으로 떠났다.

나도 그 친구의 재능이 안타까웠지만 도울 일은 없었다. 시간이 흘러 중학교 3학년이 되었고, 그 친구 동생이 초등학교 6학년이 되었다. 교복과 책을 물려줄 수 있고 형편이 어려운 학생들이 등록금을 면제받으며 학교를 다닐 수 있다는 것을 알고 친구 엄마를 설득했다. 그래서 그 아이는 중학교에 진학할 수 있었다. 그 뒤 고등학교에 진학하기 위해 도시로 나갔고 주말이면 고향 집에 왔다. 그때마다 그 아이는 자신의 이야기를 하곤 했다.

"언니는 어떤 색의 안경을 끼고 있어?"

"글쎄, 음~ 나는 투명한 안경을 쓰고 있어."

"그래야 있는 그대로 볼 수 있지!"

"그러는 너는 어떤 안경을 쓰고 있니?"

"나는 까만색… 안경 주변이 온통 까만색이야."

그때 나는 어린 마음에도 '이 아이에게 어려운 일이 있구나!' 하는 생각을 했다.

"왜 그런 안경을 끼고 있니? 벗어 버리면 되잖아" 하고 되물으니 그 아이는 한숨을 쉬며 대답했다. "내 주변에는 나를 괴롭히는 사람들로 가득해."

그 아이가 그 집에서 처음으로 중학교에 진학했다. 형제들이 중학교에 진학했다는 것만으로 특별한 혜택을 받은 거라면서 그 아이를 지지하지 않고 외면한다고 했다. 학교를 다녀오면 무조건 조카를 돌봐야 하고 집안 살림을 도와야 했다. 그 이야기를 듣고 보니 그 아이가 항상 조카아이를 등에 업은 채 나를 만나러 왔던 것이 기억났다.

그 아이가 중학생이 되었을 때 마음껏 공부하고 미래를 설계할 시간적 여유와 지지자가 없었다. 더욱 속상한 것은 내 친구가 그 아이를 가장 괴롭히는 대상이라고 했다. 중학교에 진학하지 못한 친구에게 검정고시라도 보라며 책을 전해 주었는데, 학습에 대한 욕구가 많았던 내 친구가 동생을 돕는 것이 아니라 시샘하며 핍박한다는 사실을 듣고 다시 한 번 가슴이 먹먹했다.

정말 답답하고 속상했다. 하지만 "너 나빠! 어떻게 그럴 수 있어?" 하고 친구를 욕해 줄 뿐 내가 나서서 해줄 수 있는 일은 없었다. 친구 동생은 내 동생과 같은 반이었다. 동생에게 친구동생의 근황을 물어보면 학교에서 거의 잠만 자고 성실히 학교생활을 하지 않는다는 이야기만 들을 수 있었다. 그래서 나는 그 아이를 만나서 내가 공부하면서 힘들었던 이야기를 해주며, 그 아이에게 도움이 되기를 바랐다. 시간이 흘러 나는 서울로 올라왔고, 가끔 시골집에 다니러 갔다. 어느 날, 그 아이도 동네를 떠났다는 이야기를 들었다.

　몇 년이 흐른 뒤 그 아이가 자살했다는 소식을 들었다. 나는 큰 충격을 받았다. '혹시 내가 조금이라도 그 아이에게 도움이 됐더라면 자살하지 않았을까?' 하는 생각에 때로는 죄책감마저 들었다. 한동안 그 아이에 대한 생각이 나를 따라다녔다. 그 때문이었을까? 그때부터 내 주변 사람의 부탁을 쉽게 거절할 수 없었다. '오죽하면 나 같은 사람에게 도움을 청할까?' 하는 생각에서였다.

　나에게 부탁하는 사람들의 모든 일을 해결해 주기에는 벅차고 힘들었다. 나는 내 필요를 포기하더라도 그 부탁을 들어주기 위해 정성을 다했기에 더 빨리 지쳤다. 왜 '나에게 이런 일이 계속 생길까?' 때로는 원망도 했다. 즐겁게 부탁을 들어주는 것이 아니라 마음속 저편에는 불평하면서 마지못해 부탁을 들어주기도 했다. 시간이 흘러 내가 진정으로 마음을 다해 도움을 준 것이 아니라, 그때 그 아이에게 진 부채를 갚는 심정이었다는 것을 알게 되었다.

　거절할 줄 아는 사람이 건강한 사람이라는 것을 직접 체험한 것이다. 그러한 일들을 경험한 후 기쁘게 할 수 있는 일은 기꺼이 하지만, 내 형편에 너무 버거운 일까지 하겠다고 나서지는 않는다. 도와줄 수 없어 미안하지만 부채의식을 가지고 하는 것은 상대방도 원하지 않을 것이다. 가능한 부드러운 말로 거절할 뿐이다.

2장

비언어를 조율하라

말 없는 말로 전하는 메시지

2009년 미국령인 사이판이 캘리포니아 주에 편입되었다. 이와 관련된 일로 나는 캘리포니아 주 사이판에 있는 ○○신학교를 방문했다. 사이판 공항에 미국 대통령 사진과 성조기들이 많이 진열되어 있어 감상하고 있었다. 입국 심사를 기다리던 내게 그녀가 말했다. "퍼펙트(perfect)!"

'일행 중 영어를 잘하는 분이 개인 신상에 관련된 것을 제외한 모든 부분을 동일하게 기록했는데, 도대체 뭐가 퍼펙트하다는 거지?' 굳이 원인을 찾자면 입국카드를 점검하던 그녀에게 내가 살짝 고개 숙이고 반짝이는 눈빛으로 미소를 띠었을 뿐이다. 그녀가 나를 향해 미소를 지으며 '퍼펙트'라고 하기 전까지 내가 어떤 표정이었는지 의식하지 못했다. 의도적으로 한 것은 아니다.

태도를 변화시키려고 노력하기는 쉽지 않다. 길들여지지 않은 자세와 태도들은 처음에는 낯설기 때문에 어색할 수 있다. 익숙해지면 자연스럽다고 느끼게 된다. 사람들은 길들여지는 것에 대한 거부감이 있다. 언어보다 더 강렬한 것이 비언어다. 비언어를 습득하는 것은 더욱 풍성한 삶을 위한 방편이다. 습관화되지 않은 비언어를 익숙하게 사용하기까지는 시간이 필요하다.

비언어를 습득하면 더욱 강렬하게, 더 간절하게, 더 아름답게,

더 부드럽게, 더 풍성한 감동을 줄 수 있는 제2의 언어가 된다. 비언어는 습득하지 않으면 표현하기 어렵다. 습득한다 해도 표현하려고 노력하지 않는다면 딱딱하게 굳어 버릴지도 모른다. 자연스럽게 표현할 때까지 습득하고 표현하는 연습을 해야 된다.

눈은 마음의 창이라고 할 만큼 많은 것들을 표현하는데, 눈을 바로 뜨는 방법부터 습득해야 한다. 따뜻한 눈빛을 나와 상대방에게 보낼 수 있어야 한다. 그 눈빛 샤워는 내 마음을 촉촉이 적시고 상대의 마음도 촉촉하게 적셔 줄 수 있다. 쑥스러워서 힐끗힐끗 보거나 어색해서 다른 방향을 응시한다면 본마음과 달리 왜곡된 마음이 전달될 수도 있다.

성별이 다른 사람들끼리 특정 부위를 오랫동안 응시하는 것은 심각한 오해를 불러올 수 있는 요인이 되기도 한다. 따뜻한 눈빛 샤워만으로 충분히 마음을 공유할 수 있다. 화사한 미소를 자연스럽게 표현하고 지속해야 한다. 지금 옆에 있는 사람에게 화사하게 웃으면서 "야, 바보야"라고 외쳐 보고, 근엄한 표정을 지으며 "당신은 최고야!"라고 외쳐 보자.

상대방의 반응은 어떨까? 웃으면서 외치면 장난이나 유머로 받아들여 상대방도 같이 웃을 확률이 높다. 근엄한 표정으로 한 말은 언어는 최상급이지만 '혹시 나를 놀린 거 아닌가?' 하는 생각이 들어 웃지 않고 무덤덤하게 받는 표정이 될 확률이 높다. 웃는 얼굴과 상대방을 향한 모든 손동작은 비언어를 더욱 풍성하게 만들 수 있다. 비언어는 가장 빠르게 상대방을 기분 좋게도 할 수 있고, 가장 빠르게 기분 나쁘게도 할 수 있는 말 없는 말이기 때문이다.

칭찬은 귀로 먹는 보약

✤ 나에게 하는 칭찬은 혼자 추는 블루스

　나를 칭찬하지 못하는 사람이 다른 사람을 칭찬한다는 것은 거짓말이다. 그것은 내가 너를 칭찬했으니 너도 나를 칭찬해야 한다는 묵시적인 강요가 일부 들어 있을 수 있다. 그가 나를 칭찬해주지 않으면 마음이 불편하고 기분 나쁘다. '내가 너를 칭찬했는데 그냥 받기만 한단 말이야?' 하며 마음이 상한다. 상대방의 칭찬을 기다리기 전에 나는 스스로 칭찬하는 사람인지 확인하라. 나는 매일 나를 칭찬한다. 처음에는 나를 칭찬하면서 '혹시 누군가 지켜보고 있는 것은 아닐까?' 하며 두리번거리기도 했다. 누군가 내가 나를 칭찬하는 것을 보고 교만한 사람이라고 하지 않을까 염려되기도 했다.

　나에게 하는 칭찬은 혼자 추는 블루스다. 꼭 상대가 있어야만

출 수 있는 춤이 블루스는 아니다. 나 혼자 춘들 누가 뭐라고 할까? 누군가 나를 칭찬하지 않아도 감정이 상하지 않는다. 타인이 나를 칭찬하지 않으면 내가 나를 칭찬하면 되기 때문이다. 칭찬을 받기 전에 내가 나를 충분히 칭찬하지 못한다면 누군가를 향하는 내 칭찬은 공허한 메아리가 될 수도 있다.

강의하다가 공손한 태도로 눈빛을 반짝이며 경청하는 여학생을 발견했다. 그 모습이 얼마나 사랑스럽던지 '참 예쁘구나' 하고 말했다. 그 여학생은 얼굴에 홍조를 띠면서 부모님께 한 번도 예쁘다는 말을 들어본 적이 없었다며 "교수님이 저를 예쁘다고 말씀해주셔서 좋아요"라고 했다. 우리는 칭찬하면 교만해진다면서 자신을 낮추는 것을 미덕으로 여기며 살아왔다. "꼭 말해야 아나? 말 안 해도 내 맘 알지?"라고 말한다. 그런 말을 하기 전에 정말 필요한 말을 하는 것은 어떨까?

"웃는 모습이 참 예쁘네요."

"유머 감각이 탁월하세요."

"넥타이와 와이셔츠가 잘 어울리는데요."

칭찬을 받으면 대부분의 사람들은 이렇게 표현한다.

"아니에요."

"어머! 별말씀을…."

스스로 자기를 인정하지 않기 때문에 칭찬을 당연하게 받지 못하고 있는 것은 아닐까? 내가 나를 인정하게 될 때 칭찬을 자연스럽게 받을 수 있다. 사람들은 자신만이 가지고 있는 장점을 발견하고 인정해야 한다. 그것이 칭찬의 출발이다. 내 안의 칭찬거리가 많은 사람은 타인의 칭찬거리도 쉽게 발견할 수 있다. 그렇게 하려면 사람을 바라볼 때 강점과 장점에 중심을 두고 바라봐야 한다.

신은 모든 사람에게 다양한 재능을 주셨다. 이 세상에 보냄을 받은 사람은 그 재능을 찾아 아낌없이 발휘하면서 살아가야 한다. 만나는 사람마다 매순간 장점과 강점을 발견하여 아낌없이 칭찬하자. 그를 위한 칭찬 같지만 내가 먼저 기분이 좋아지고 엔도르핀이 생긴다. 내가 혜택을 먼저 보는 것이다. 아무리 마음속에

감동을 주는 칭찬의 기술

심리학자 애론슨과 린다는 미네소타대학교의 여학생 80명에게 자신에 대한 지인들의 뒷담화를 엿듣게 하고, 그들에 대한 호감도를 평가하게 했다.

A: 계속 칭찬한다.

B: 계속 독설한다.

C: 처음에는 독설하다 칭찬으로 끝낸다.

D: 처음에는 칭찬하다 독설로 매듭짓는다.

가장 호감을 느낀 사람은 누구였을까? 대부분 A라고 예상했지만 결과는 C였다. 칭찬만 반복되면 신빙성이 떨어지고 식상하며 칭찬이 단지 습관에 불과하다고 느끼기 때문이다. 최악의 점수를 받은 사람은 D. 칭찬 뒤의 독설은 최악의 기분을 선사한다. 일명 '기대치 위반효과' 때문에 이런 결과가 나온 것이다. 칭찬에도 기술이 필요하다는 얘기다. 위의 결과에 덧붙여 이렇게 칭찬하면 효과적이다.

1) 구체적으로

2) 결과뿐만 아니라 과정도

3) 본인도 몰랐던 장점까지

4) 차별화된 방법으로

5) 공개적으로 혹은 제3자에게

6) 예상 외의 상황에서

7) 편지 등 다양한 방식으로

진기한 보물이 있을 지라도 겉으로 나타나지 않으면 보물인지 돌 멩인지 알 수가 없다.

나는 오늘도 마음껏 홀로 블루스를 춘다.

"나는 내가 좋아." "너는 정말 기특해." "어려운 상황을 극복한 것도 잘했어." "끊임없이 노력을 멈추지 않는 너는 칭찬받아 마땅해." "나이 들수록 예뻐."

지금까지 나 홀로 추는 블루스에 세금이 부과된 적이 없다.

✹ 따뜻한 눈빛 샤워

사르트르는 "인간은 타인의 눈길에서 지옥을 경험한다. 남의 눈을 의식하는 데서 벗어나 살기도 어렵거니와 타인의 시선에서 자유롭기란 쉽지 않다"고 했다. 그러니 내 눈빛부터 관리하는 것은 어떨까? 세상에 감추지 못하는 것이 두 가지가 있는데 하나는 감기요, 또 하나는 사랑이다. 아무리 아닌 척하려 해도 눈이 먼저 말해 준다. 사랑하는 사람의 생글생글 웃는 눈은 '나 사랑하고 있어요'라고 광고하는 것 같다.

사랑하는 사람의 눈은 그 눈을 바라보는 사람도 즐겁게 만든다. 갓난아이를 바라보는 엄마의 눈빛이 얼마나 따뜻하고 포근한지 우리는 알고 있다. 사람의 눈빛도 약 76퍼센트가 부모를 닮는다고 한다. 엄마의 따뜻한 눈빛을 받고 자란 아이가 자존감이 높은 성인으로 자라고, 늘 날카롭고 무서운 눈빛을 받은 아이들은 자존감이 낮아 불행하다고 생각하며 산다고 한다.

나는 어린 시절, 학교에서 돌아오는 나를 인자하신 눈빛으로 먼저 맞이해 주시는 할머니의 사랑 덕분에 자존감이 높은 사람이 되었다. 예수님을 믿고 나서 그분께 받은 사랑을 되돌려 줄 수 있는 방법이 무엇일까 고민하던 내게 선배언니가 말했다.

"너는 잘 웃고 긴 생머리를 가졌으니 소년부 교사를 해라."

"성경에 대해 잘 알지 못하고 준비되지 않아서 못해요."

"그럼 언제 준비되는데…"

"그것은 저도 잘 모르지요."

"그러니까 섬기면서 준비하면 돼."

나는 더 이상 거절할 명분이 없었다. 아이들을 좋아하는 나는 설레면서도 한편 두려웠지만, 웃으면서 아이들을 볼 자신은 있었다. 교회에서 소년부 교사를 하던 시절, 아이들을 사랑하기로 작정하고 사랑이 담긴 눈빛으로 내가 맡은 아이들을 바라보려 노력했다. 그중 유독 눈에 띄는 아이가 있었다. 그 아이는 지각을 자주 했다. 삐딱하게 앉아서 사람을 똑바로 바라보지 않던 그 소년에게 따뜻한 눈빛으로 말을 걸었더니 눈빛을 보내오기 시작했다. 귀에 거슬리는 말을 탁구공 던지듯이 하던 아이가 비로소 나를 교사로 인정한 듯 마음을 열어 다가왔다. 시간이 흐르자 더 많은 관심과 사랑을 받고 싶은지 나에게 자신의 마음 상태를 끊임없이 말하기 시작했다.

눈은 마음의 창이라는 말이 있다. 내가 어떤 생각을 하느냐에 따라 내 눈빛은 따뜻한 시선이 되기도 하고, 상대방을 불쾌하게 만들기도 한다. 마음의 창고가 비어 있거나 자존감이 낮은 사람은 눈을 내리깔고 힐끔힐끔 쳐다보며 눈치 보기 바쁘다. 상대방을 비난하기 좋아하는 사람의 눈빛은 불편할 뿐이다. 갑을관계를 따지는 비즈니스에 익숙해져 있는 사람들의 눈빛은 손익을 따지며 계산하느라 긴장되어 있다.

내가 낼 수 있는 아름다운 음을 표현하기 위해 내 마음을 조율하려고 노력한다. 마음을 편안하게 만들어 즐겁게 나를 표현하려 한다. 최상의 소리를 내기 위해 악기를 조율하는 것처럼 마음을 비추는 눈빛을 조율해야 한다.

'비난과 조롱을 일삼느라 탁해진 눈빛, 여자를 성적인 존재로만 보려는 음흉한 눈빛, 늘 도움받기만 바라는 가련한 눈빛, 흠 찾기 대회라도 참석한 양 단점만 보려는 왜곡된 눈빛 대신에 남편과 아내를 멋진 사람으로 보려는 사랑의 눈빛, 여자를 존중히 여기고 대등한 존재로 보려는 맑은 눈빛, 도움이 필요한 사람에게 기꺼이 도움을 주려는 착한 눈빛, 장점과 칭찬거리를 먼저 찾는 반짝이는 눈빛' 등 다양한 눈빛을 모아 마음을 비추는 따뜻한 눈빛을 조율해 보자.

엄마가 행복해야 아이가 행복한 것처럼 내가 행복하면 나의 눈빛으로 만나는 상대도 행복해진다. 강의하다 보면 마음이 흡족해지는데, 그 이유가 바로 따뜻한 눈빛 샤워를 보내면 상대방도 따뜻한 눈빛을 보내 주기 때문이다. 긴장을 풀고 따뜻함을 가득 담은 눈으로 상대방의 머리 끝에서 발 끝까지 샤워하듯이 바라보며 강점과 장점을 발견해 보자. 그 따뜻한 눈빛 샤워에 미소가 함께

할 때 마음이 편안해짐을 느끼게 된다.

다만 이성 간에는 특정 부위에 1초 이상 시선이 머물지 말아야 한다. 오해할 소지가 있고 자칫하면 불쾌함을 줄 수도 있다. 사람들은 처음부터 능숙하게 눈빛 샤워를 하지 못한다. 유교문화권 영향을 받은 우리는 남녀가 유별하고 남녀 7세 부동석인 문화권에서 자랐다. 어른의 눈을 바라보면 "어디 어른 눈을 똑바로 쳐다보느냐?"며 지청구를 듣는 문화였다.

따뜻한 눈빛을 서로 교환하고 그 눈빛에 마음이 녹아 본 적이 없는 사람들이 있다. 따뜻한 눈빛을 교환할 때 "어쩌면 이렇게 눈빛이 맑고 초롱초롱할까?"라는 칭찬의 말을 한 번도 들어본 적이 없기 때문이다. 몸을 깨끗하게 하기 위해서 샤워를 하듯이 원활한 사회적 관계를 맺으려면 눈빛부터 달라져야 한다. 지금 바로 곁에 있는 사람에게 무장해제한 것처럼 따뜻한 눈빛 샤워와 미소를 지으며 웃어보자.

살다보면 언제 어디서든 먹구름과 폭풍을 동반한 문제들을 만난다. 그럴 때마다 도망치기부터 하는 사람들은 영원히 문제를 해결하지 못하고 다람쥐 쳇바퀴 돌 듯 문제더미 속에서 살아갈 수밖에 없다. 그 문제들을 해결하는 방법 중 가장 쉬운 방법이 바로 따뜻한 눈빛 샤워를 시작하는 것이다. 거울을 통해 지금 당신의 눈빛을 바라보라. 당신의 눈빛은 어떤 상태인가? 정면으로 바라보는가? 힐끗힐끗 보거나 흘겨보고 있지 않는가?

겨우 용기를 내어 문제 앞에 섰지만 분노와 비웃음, 멸시, 조롱, 무시, 냉소, 두려움, 공포, 무기력 등으로 제대로 보는 것조차 어렵지는 않는가? 부족한 것이 많고 자랑할 것도 많지 않지만 지금 이 모습 이대로 나를 정면으로 바라보는 연습을 하자. 머리 끝에서 발 끝까지 따뜻한 시선으로 자신을 바라보며 '나는 소중한 사람이야. 나는 네가 좋아. 나는 널 사랑해. 네가 있어 나는 정말 행복해'를 되뇌면서 나를 정면으로 바라보자.

처음 시작하면 10초도 어려울 수 있다. 날마다 조금씩 할 수 있는 만큼 해나가되 3분간 자연스럽게 볼 수 있을 때까지 내 눈빛을 정면으로 응시하는 연습이 필요하다. 정면으로 응시할 수 있다면 눈빛을 관리해 보자. 따뜻한 눈빛, 사랑스러운 눈빛, 희망이 가득한 눈빛, 설렘을 드러낸 눈빛 등. 나를 받쳐 주는 뿌리는 깊게 하고 몸은 튼튼하게 하며, 가지는 무성하고 열매는 풍성하게 맺을 수 있도록 나를 바라보자.

이러한 훈련이 지속된다면 지금부터는 내 앞에 있는 모든 것을 바라보는 눈빛을 점검하고 관리해 보자. 나를 둘러싸고 있는 사람들을 향한 눈빛을 고루 분산시키는 훈련을 해보자. 나를 둘러싸고 있는 꽃들과 나무와 동물 등 생명이 있는 모든 것을 바라보는 내 눈빛을 점검하고 관리해 보자. 내가 어떤 마음으로 상대방을 바라보는지는 당신을 소중하게 여기는 만큼 눈빛으로 표현되는 것이다.

사람을 만나 가장 먼저 따뜻한 눈빛을 통해 마음을 전하는 훈련을 시작하자. 오롯이 따뜻한 눈빛만 필요하다. 이 소중한 사람에게 따뜻한 시선으로 눈빛 샤워를 하면 그의 외면과 내면의 아름다움을 발견하게 된다. 단점만 찾는 사람이 있겠지만 따뜻한 눈빛으로 바라보면 장점이 많이 보일 것이다. 나를 향한 따뜻한 눈빛이 나를 성장시키고 변화시킨다면 생명이 있는 모든 것들을 바라보는 따뜻한 눈빛으로부터 내 주변의 모든 것들이 살아나는 체험을 하게 될 것이다.

가장 쉬운 따뜻한 눈빛 샤워, 지금부터 시작해 보자.

✹ 사람을 변화시키는 칭찬의 힘

어느 나라의 한 왕이 자신의 미래가 궁금해서 미래를 예견한다는 사람을 불러 물었다.

"내가 얼마나 더 살겠는가?"

"왕자들이 먼저 죽겠습니다." 그 사람은 바로 처형당했다.

또 다른 사람은 이렇게 대답했다.

"왕자들보다 더 장수하시겠습니다." 그는 융숭한 대접을 받았다.

세상이 끊임없이 변하면서 말의 힘은 더욱 증폭되고 있다. 말한마디로 천 냥 빚을 갚는다는 말이 있지 않은가? "당신은 말을 통해 천 냥 빚을 갚고 사는가? 아니면 천 냥 빚을 지고 사는가?" 말은 쉽게 이어지기 때문에 함부로 사용하는 경우가 많다. 말은 귀하게 사용해야 그 가치가 더욱 빛난다. 이집트에 '내가 변하면 자녀가 변한다'는 글이 새겨진 돌이 있다고 한다. 내가 먼저 칭찬의 말을 시작해 보자.

결론은 같지만 다른 표현 방법만으로 생명을 잃거나 생명을 살리는 극단적인 결과를 초래하게 된다. 당신은 부정적인 면을 먼저 보는가? 긍정적인 면을 먼저 보는가? 우리 사회는 칭찬을 부정적으로 판단하는 경향이 많다. '칭찬하면 교만해져.' '립 서비스 하지 마.' '왜 갑자기 칭찬하고 그래.' '뭐 잘못한 거 있지.' '하던 대로 해.' '부탁할 거 있지?' '본론만 말해.'

칭찬 자체를 순수하게 보지 않고 복선이 전제된 것으로 평가하는 경우가 문화 전반에 걸쳐 뿌리내리고 있는 것 같다. 겸손을 미덕으로 삼거나 교만을 패망의 지름길이라 하여 타인의 칭찬을 순수하게 받아들이지 못한다. 칭찬할 줄 알아야 칭찬을 들을 때 기쁘게 받아들인다.

내가 내 장점을 발견하지 못하면 상대방의 장점을 발견하지 못한다. 내 장점을 발견해 자긍심을 갖는 훈련을 해야 상대방의 장점을 발견하게 된다. 칭찬을 하기보다는 평가나 비난을 먼저 하고 칭찬하면 일단 의심부터 한다. 칭찬하라고 하면 내 관점으로 하는데, 칭찬조차도 상대방의 관점으로 해야 한다. 내 관점으로 칭찬하는 나쁜 사례는 "눈이 단추 구멍만한 게 정말 귀엽네요"라고 하는 칭찬이다. 상대방은 작은 눈이 콤플렉스일 수도 있다. 상대방의 관점을 무시하고 배려하지 않는 이러한 칭찬은 안한 것만 못하다. 오히려 상대방의 기분을 망치는 나쁜 결과를 초래한다.

비교하면서 칭찬하지 말고 상대방만이 가진 것과 긍정적으로 노력하는 과정들을 발견해서 칭찬하는 것이 좋다. 내 힘으로 어찌할 수 없는 고착화된 것들에 대한 칭찬은 부작용을 초래할 수 있다. 자세, 태도, 과정 등 그가 현재 진행하고 있고 노력하고 있는 것들에 대한 칭찬을 하면 쉽게 접근할 수 있다. 칭찬은 저축했다가 나중에 사용하는 재화가 아니다. 생산과 즉시 소비를 해야 된다.

'그때 내가 칭찬했더라면 좋았을 것을⋯' 하는 생각이 나서 며칠 뒤 '며칠 전에 입었던 그 옷차림 정말 당신과 잘 어울렸어요'라는 칭찬을 할 경우 안 하는 것만 못하다. 칭찬을 받으면 바로 감사한 마음을 표현하라. 교만하라는 뜻이 아니다. 내가 나를 인정할 때 타인도 나를 인정할 수 있다. 또한 타인의 인정이 내가 원하는 만큼이 아니어도 서운한 감정이 덜 든다.

자신을 칭찬하고 타인을 칭찬할 때 '당연하지'라고 외쳐도 경찰이 잡아가거나 누군가 피해보는 사람은 없다. '당연하지'라고 말하는 목소리가 몸에 배면 자신감과 자부심이 생긴다. 매일매일 자신을 칭찬하고 만나는 모든 사람들에게 칭찬 한마디씩 하는 연습을 해보자. 칭찬하면 어색했던 분위기가 부드러워진다.

칭찬은 사람 사이에 있는 보이지 않는 경계의 벽이 사라지는 효과가 있다. 그런데 진정한 칭찬은 상대방을 기쁘게 하기 전에 내가 먼저 기분이 좋아진다. 누군가를 지적하거나 꾸중하는 이야기는 상대방을 기분 상하게 하지만, 그 말을 하는 내가 먼저 기분이 나빠진다. 내 안에 있는 긍정에너지를 소모하기 때문이다. 처음 시작하기가 힘들지 칭찬을 계속 받다 보면 마음속에 부채감이 생겨 나 또한 상대방에게 호감을 갖게 되고, 긍정적인 언어로 대응하게 된다.

예전 우리나라의 미덕 중 하나로 이웃이 우리에게 음식을 가져오면 빈 접시로 돌려보내지 않고 무엇인가를 가득 담아 보내던

풍속이 있었다. 이처럼 칭찬을 받은 사람이 칭찬을 한 사람에게 품앗이 칭찬을 하기 시작하면 훨씬 더 많은 칭찬을 할 수 있다. 어색한 칭찬보다 부드럽고 자연스럽게 칭찬하면 훨씬 더 친밀함을 느끼게 된다. 표현하는 것을 언어에만 초점을 맞추면 귀중한 비언어를 놓치게 되어 본질을 왜곡하거나 놓칠 수도 있다.

내 앞 사람의 표정을 보라. 거울을 바라보면 내 모습이 보이는 것처럼 내 앞 사람 표정이 바로 나의 표정이라는 것을 기억하자. 무엇을 바라고 하는 것이 아니라 스스로 능동적으로 적극적인 태도의 삶을 살면 기대하지 않았던 덤을 주변 사람들로부터 받게 된다. 내가 '잘 살고 있구나' 하는 자기 점검도 될 뿐 아니라, 행복도 배가 될 것이다. 주변 사람들의 도움을 받고자 한 행동이 아님에도 나의 긍정적인 칭찬 습관은 결국 나에게 부메랑이 되어 돌아와 나를 돕게 된다.

"우리 광하가 이 세상에서 제일 예뻐. 광하가 있어야 집에 사람 사는 것 같아 좋아. 광하는 어떤 말을 해도 재미있어" 하시던 할머니의 칭찬은 나의 유머지수를 올리는 계기가 되었다. 나는 언제나 재미있는 이야기를 들으면 수첩에 메모하면서 할머니를 웃게 만들기 위해 노력했다. 칭찬을 받으면 칭찬에 맞게 나를 맞추려고 노력하게 되어 언제부턴가 유머 있는 사람이라는 평까지 듣고 있다.

칭찬을 받기 위해 노력하다 보니 칭찬하는 것도 그리 어렵지 않다. 상대방을 칭찬하면서 기분 나쁜 적이 있었던가? 이제 사람을 보면 칭찬하려고 본능적으로 장점과 강점을 찾는다. 사랑의 눈으로 그 사람을 관찰할 때 칭찬거리가 넘치게 된다. 또한 상대방을 관대하게 보는 것은 그를 위한 훈련이 아니라 나를 위한 훈련이 되었다. 누군가를 미워하면 내 마음이 균형을 잃어 부정적인 마음으로 나를 휘감으니 그 미운 마음을 상대방에게 전달하게 된다.

반면에 상대방의 좋은 점을 발견하여 칭찬하려고 노력하다 보면 내 마음의 균형감에 근력이 생겨 내가 먼저 혜택을 본다. 칭찬은 상대방을 위한 것 같지만 사실은 내가 먼저 기분이 좋아진다는 사실을 알게 된다. 상대방을 있는 모습 그대로 인정하고 수용하며 존중할 때 자연스럽게 칭찬할 수 있다.

내가 어떠한 삶을 사느냐에 따라 내 주변의 사람들의 성향이 달라진다. 자신의 주변 사람들을 면밀히 관찰해 보라. 밝은 표정으로 웃으며 살아가려는 사람들로 가득한지, 아니면 항상 모든 일에 신경질적으로 반응하며 인상 쓰는 사람들이 많은지 쉽게 확인할 수 있을 것이다. 또한 자신이 타인을 어떻게 대하는지 알게 되는 척도가 될 것이다. 하루아침에 근육이 생기지 않듯이 웃는 얼굴의 표정근도 하루아침에 생기지 않는다.

'웃는 얼굴에 침 못 뱉는다', '웃으면 복이 온다'는 속담들은 알고 있지만 그것을 행동으로 실천하는 이는 많지 않다. 지식이란 명사형으로 굳어져 있으면 빛을 발하지 못한다. 동사형으로 살아 움직일 때 생동감이 넘치고 그 위력을 발휘하게 된다. 나를 향해 끊임없이 칭찬해 주던 할머니는 나를 춤추게 했다. 내 칭찬으로 누군가도 춤추기를 희망한다.

수용하기

완벽한 사람은 없다

✹ '우당탕 그분'이 오셨다!

애플(Apple)사를 설립한 잡스는 1985년, 경영진인 스컬러 사장과 주주들과의 불화로 자신이 설립한 회사에서 나오게 된다. 그 이유는 회사의 하락세도 원인이었지만, 조직원들 간의 대화방법과 인간관계에 대한 잡음도 커졌기 때문이다. 그로부터 11년 후 파산 직전의 회사였던 애플사에 복귀해 세계 최고의 회사로 이끌었지만 말이다.

그는 어린 시절 친부모에게 버림받았지만, 양부모의 지극한 사랑을 받았다. 본인의 첫 아이를 친자가 아니라고 거부하며 버리기도 했지만 잡스는 한 시대에 큰 획을 그은 인물로 평가받고 있다. 창의적인 생각으로 탄생한 혁신적인 제품들로 기계와 인간이 소통하는 혁명을 일으킨 잡스는 생전에 그리고 사후에 그에 대한 인간관계 평가가 극과 극이다. 그것을 보면서 사람이 다 잘할 수는 없다는 것을 새삼 확인하게 된다. 세계에 잡스는 한 사람이면 족하지 않을까? 다수의 사람들은 그가 만들어낸 제품을 충분히 활용하면서 즐기면 되지 않을까?

한 친구가 내게 어느 날 '달리기 모임 하나 만들까?' 하고 말했다. 국가대표 출신의 마라톤 감독이 있는데, 달리기에 관심이 있는 사람들 모임을 만들면 그 모임을 지도해 주겠다고 했단다. 그래서 생긴 모임이 '행복한 달리기'라는 모임이다. 그 모임의 구성원들은 K대학교 언론최고위과정 동문들인데, 나만 외부인으로서 그 모임의 주최자이자 친구인 H 사장 소개로 명예동문이 되었다.

매월 정기모임을 갖고 있는데, 나는 한동안 안 나가다가 지난해 7월, 오랜만에 나가 보니 새로운 멤버가 한 분이 있었다. 모임을 마치고 헤어짐이 아쉬운 몇 사람이 모여 차를 마시며 여흥을 즐기고 있을 무렵이었다. 즐겁게 대화를 하며 지켜보니 손님으로 오신 그분이 '우당탕 우당탕' 하면서 대화를 주도하고 있었다.

나는 즉석에서 그분에게 '우당탕 그분'이란 별칭을 붙여 주었다. 여러 가지 생각이 떠올랐다. '아, 저분은 자신이 살고 싶은 대로 사는구나! 어쩌면 생각과 말의 속도가 저토록 빠를까? 정체성이 명확한 사람이네. 참으로 에너지가 넘치는 사람이군. 저렇게 살면 여한은 없겠다. 그런데 주변 사람들은 조금 불편해할 수도 있겠네.'

그 후 모임에서 그분을 또다시 만났다. '우당탕 그분'은 자신의 삶의 에너지를 남김없이 그때그때 쏟아내며 사는 것 같았다. 어찌나 반짝이는 아이디어들이 많은지 그분의 이야기를 듣다 보면 시간 가는 줄 몰랐다. 톡톡 튀는 그의 말을 놓칠세라 귀를 쫑긋 세웠다. 한마디 한마디가 모두 주옥 같았다. 그의 생각들은 역동적으로 춤을 추는 것 같았다. 그 생각들이 현실로 이어진다면 지루할 틈이 없겠다 싶었다.

우당탕 그분이 하는 모든 이야기들을 한 번만 듣고 지나가는 것이 아쉬워 책을 집필하라고 권유하기도 했다. 그럼에도 오랜 세월 동안 다름을 인정하는 것이 관계의 첫 걸음임을 알고, 그러한 교육을 하는 나는 그분의 거침없는 화법들에 약간 불편한 감정들을 느꼈다. 그분은 상대방을 춤추게도 하지만, 춤추려 하는 마음을 거둬들이게도 하는 묘한 재주가 있었다.

그분에게 번뜩이는 아이디어가 넘쳐났다. 하지만 그 아이디어들이 살아 움직이게 하려면 많은 사람들의 협력이 필요할 것이다. 사람들이 그 아이디어를 좋아할 때는 그분이 필요하겠지만, 그렇지 않을 때는 자신의 색깔이 너무 강렬해서 다른 색을 눌러버릴 수도 있겠다 싶었다. 나쁜 의도는 없지만 다른 색을 의미 없게 만들거나 빛을 보지 못하게 만드는 놀라운 재주가 있었다. 그런데 보이는 모습 그대로 그를 인정하고 수용하니 그분의 독특한 감각이 부러웠다. 나는 새로움보다는 익숙함이 좋고 역동적인 것보다는 잔잔한 것이 편안하다.

모두가 창의적일 필요는 없다. 모두가 창의적이라면 그분의 창의적인 것이 돋보이지는 않을 것이다. '우당탕 그분'의 거침없는 표현 방법은 때로는 불특정 다수에게 의도하지 않아도 수시로 상처를 주겠구나. 사람들의 오해를 불러일으킬 수 있는 요인들을 저분은 끊임없이 제공하는구나 그런 생각이 들어 조금 아쉽기도 했다.

'우당탕 그분'은 우리나라에서 처음으로 도우미라는 직업군까지 만든 분이라고 했다. 그분의 아이디어는 무궁무진한 것 같았다. 표현하는 방법은 주변 사람들과 우당탕 우당탕 마찰음을 내겠지만 말이다. 만약에 저분이 '우당탕' 하며 말을 쏟아내는 방법을 바꾼다면 어떻게 될까? 그렇다면 그만의 색이 퇴색되어 버리는 것은 아닐까? 모든 사람과 다 잘 지내길 바라는 대신 그만의 독창성을 잃지 않고 살아가길 바라는 것이 좋을 듯하다.

오늘도 그분은 우당탕 우당탕 요란한 소리로 자신의 존재감을 드러낸다. 우당탕 그분의 요란함에 잠시 휘청한 사람들은 '우당탕 그놈'이라 부른다. 하지만 나는 우당탕 그분이라서 좋다. 모두가 완벽할 수 있겠는가? 우당탕 그분께 너무 많은 것을 요구하지는 말자. 내게서 찾아볼 수 없는 역동성과 반짝이는 아이디어들이 나올 때마다 감탄해 주고 그의 행복을 빌어주어야겠다는 생각을 했다. 타인에게 '우당탕 그놈'이 나에겐 '우당탕 그분'이다.

❋ 수용받은 경험이 삶을 풍요롭게 한다

사랑은 무엇 때문에 하는 것이 아니라 그럼에도 불구하고 하는 것이 사랑이다. 있는 그대로를 수용하는 것이다. 어느 날 사랑한다는 이유로 상대방을 자신의 색으로 변화시키려 한다면 그 사랑은 참사랑이 아닐 수도 있다. 스스로 변화하지 않고 누구의 물리적인 힘으로 변화하는 것은 참된 변화가 아니다. 나는 어려서 특별히 누구와 비교당한 적이 없었다. 그냥 있는 그대로 수용받았다. 엄마는 항상 몇 가지의 행동을 하지 말라고 규제했지만 내 생각을 바꾸려고 애쓰지 않으셨다.

"엄마, 나는 속이 없나 봐."

"왜?"

"화가 나면 오랫동안 나야 되는데 왜 금방 화가 풀려? 나 바보지!"

엄마는 웃으면서 말씀하셨다.

"아니야, 그래서 네가 예쁜 거야. 아침에 화내면서 학교에 가도 집에 올 때면 언제나 '엄마' 하고 웃으면서 들어오는 너는 그래서 예뻐."

약점을 고치려고 하면 힘들 뿐만 아니라 쉽게 보완되지도 않는다. 손금이 같은 사람이 하나도 없듯이 세상에 둘도 없는 나를 누구와 비교하지 말자. 자신의 있는 모습 그대로 수용하고 타인도 있는 모습 그대로 수용하는 것이 바람직한 태도일 것이다.

내가 열 살 때 아버지는 돌아가셨다. 그 이유로 빨리 철이 들어 버렸다. 하지만 해결되지 않는 아픔이 있었다. "애비 없는 자식이라는 소리를 듣게 되면 호적에서 파 버린다"며 엄마가 더욱 엄해지셨다. 성장해서 성인이 되었지만 '애비 없는 자식'이라는 꼬리표는 항상 따라다녔고, 나를 힘들게 했다. 세상이 말하는 결혼 적령기가 되니 더욱 심해졌다. 나를 지칭하며 말하지는 않지만 사람들은 이렇게 말했다.

"양친 부모가 계신 집안의 사람과 짝을 맺어야 돼. 홀어머니나 홀아버지의 자녀들은 결핍 때문에 약간 모가 나 있어."

내게 직접 말하면 싸우기라도 할 텐데 이런 말을 곁에서 듣고 나면 어처구니가 없었다. 그 사람과 어떻게 해보겠다는 생각을 해본 적도 없고 그럴 의사도 없다. 그런데 자기들끼리 이러쿵저러쿵하면서 둘이 안 맞는 이유가 한쪽 부모가 안 계신 것이라며 반대 이유를 합리화했다.

'아니, 내가 일부러 그런 것도 아니고 나는 뭐 양친 부모 밑에서 성장하고 싶지 않았겠나?' 양친이 계셨으니까 내가 태어났는데 왜 그런 이유를 들면서 자기들끼리 미리 결론을 낼까? 말도 안 되는 언어폭력이라고 생각했다. 다수의 어른들이 그렇게 이야기하는 것을 들으며, 나는 마음속에 독기를 품기도 했다. 세월이 흘러 상처받은 내 마음을 내가 인정하고 수용하면서 타인들의 마음도 수용이 되었다.

'그래, 맞아. 한 부모님의 사랑이 양 부모님의 사랑보다는 적을 수도 있지. 한 부모 밑에서 성장한 사람보다 양친 부모 밑에서 성장한 사람이 더 균형 잡힌 사람일 수도 있겠지. 모두가 다 그런 것은 아닐지라도 그런 생각을 하는 사람들도 있고, 그렇게 생각하지 않는 성숙한 사람들도 있어. 그 사람들의 말이 맞는 부분도 있고 틀린 부분도 있어. 그렇다고 기죽을 필요도 없어. 아버지가 살아계실 때보다 형편도 어려워졌고 상실의 아픔을 겪은 것도 맞아. 한 부모 밑에서 성장한 사람들에게 편견도 있을 수 있겠다.' 나는 이런 사실을 인정하고 수용하는 것만으로 많은 것이 변했다.

'나는 그 사실로 인해 마음이 아팠지만 내 잘못은 아니야. 내가 한 부모 밑에서 성장하고 싶어 한 것도 아니고, 어쩔 수 없는 상황이었어. 나는 아버지의 사랑이 배가 고파.' 지금도 나는 가끔씩 '아버지의 사랑을 받으며 성장했더라면 어땠을까?' 하는 궁금증과 지금 아버지가 살아 계셨더라면 좋겠다는 아쉬움을 가지고 있다. 그리고 할머니와 엄마, 형제들, 주변 사람들의 넘치는 사랑을 받으면서 그 사랑이 얼마나 귀한 것인 줄 알게 되었다.

그 모든 감정들을 내가 먼저 수용하고 나니 주변의 평가에 마음이 잠깐씩 휘둘리기는 하지만 뿌리가 뽑히지는 않았다. 내가 그러한 평가에 가슴 아파했고, 그런 말로 주변 사람을 평가하고 속상하게 하지 않겠다고 다짐했을 뿐이다. 하지만 여전히 그런 말을 들으면 기분이 좋지는 않다. 다만 감정을 수용하는 시간이 조금씩 단축되고 있다는 것을 느낀다.

완벽한 사람은 없다. 결핍이 없으면 만족도 없다. 고통이 있으니 기쁨도 있다. 오늘도 나는 내 감정을 수용하려 노력한다. 물론 타인의 감정도 수용하려 노력한다. '그냥 그럴 수 있지.' 그런 것이 진리는 아니지 않는가. 불특정 다수들의 왜곡된 시선을 그럴 수 있다고 받아들이는 순간 내 삶은 더욱 깊어지고 단단해졌다. 배고 플 때 먹는 밥이 가장 맛있는 밥이라는 것을 배고프지 않았을 때는 모른다.

✳ 열등감은 에너지원이다

아버지가 초등학교 3학년 때 돌아가시면서 우리에게 선물로 주고 가신 것은 가난이었다. 3년간 병석에 계시면서 중학교에 진학해야 하나 고민한 적도 있었다. 겨우 중학교에 진학해서도 등록금을 제때 납부하지 못해 고생했던 기억이 있다. 고등학교는 당연히 포기하려 했으나 우여곡절 끝에 진학할 수 있었다. 3년 내내, 칠판 오른쪽 면에 등록금 미납자 명단에 내 이름이 항상 기록되어 있었다.

대학을 진학한다는 것은 꿈도 꾸지 않았다. 당연하다는 듯이 포기했다. 하지만 친구들이 대학에 진학할 때 열등감으로 진학한 친구들을 만나지 않았다. 직장생활을 하면서도 열등감은 늘 나를 따라다녔다. 공부해야 할 시기에 일하는 것은 그냥 시간을 버린다는 강박관념에 휩싸여 나를 혹사시켰다. 하나하나 늘어가는 자격증도 내 허기진 마음을 채우지는 못했다. 그런데 사용하지 못하고 잔뜩 쌓여 있던 자격증이 빛을 보는 경우가 생겼다.

화장품 회사 지점에서 메이크업 강의를 해달라는 의뢰가 왔다. 처음에는 거절했지만 계속된 요구로 3개월간 강의를 하게 되었다. 그 회사의 상무님은 강의 평가가 좋다며 본사 메이크업 강사로 오라고 프러포즈했다. 하지만 얼마 후 대학 졸업장이 없다는 이유를 들면서 나에게 무언의 여지를 남겼다. 이미 내가 대학 졸업장이 없다는 것을 알고 있던 분이 먼저 본사 이직 제안을 했는데, 왜 갑자기 대학 졸업장 운운할까? 혹시 봉투를 원하는 것은 아닐까?

그때 나는 상처를 받았고 학벌에 대한 배고픔이 원동력이 되어 학업을 다시 시작했다. "그 당시 넌 정말 기억에 남는 학생이었단다. 맨 앞줄에 앉아 끙끙 앓으면서 좋아하던 모습은 내 평생 처음 봤다." 지금도 그때 지도해 주신 교수님을 뵙고 이야기를 나누다 보면 내가 얼마나 간절하게 공부하기를 원했는지 느끼게 된다. 정말 그랬다. 아프다가도 학교에만 가면 통증이 사라졌고 기분이 좋았다.

몇 년이 흐른 뒤 내 손에는 대학졸업장과 대학원 졸업장이 쥐어져 있었다. 대학원을 졸업한 이후 나는 더 이상 허기져 하지 않았다. 대학에서 학생들을 만나서 강의할 때 많은 부분은 지식으로 습득한 것도 있지만, 나의 경험들이 살아서 움직이는 원동력이 되기도 한다.

허기진 학벌에 대한 콤플렉스는 매순간 나를 더욱 단련시켰고 지금도 학습 욕구는 여전히 크다. 허기진 배를 채움이 아니라 모르는 것을 알아간다는 희열과 다른 사람들의 생각과 가치관을 알아가는 것 또한 기쁨이고 행복이다. 과거에는 모르는 것이 있을 때는 "가만히 있으면 중간은 한다"는 말처럼 가만히 있었다. 모르는 것이 죄는 아니지만 자랑도 아닌 것처럼 열등감도 죄는 아니지만 자랑도 아니다. 지금은 모르는 것은 서슴없이 질문한다. 그랬더니 겸손한 사람이란다. 정말 몰라서 물었는데….

열등감으로 고통받고 있는가. 그 열등감을 밑천 삼아 열등감을 극복하려 노력해 보자. 대학에서 야간반이나 산업체 학생들을 만나 강의할 때면 나도 '저런 모습이었겠구나!' 하는 회상에 젖는다.

대부분의 학생들이 약간 위축되어 있거나 부끄러워한다. 그런 모습을 볼 때면 나도 모르게 목소리에 힘이 들어간다.

"사람이 모르는 것을 배우는 것은 부끄러운 일이 아니야. 모르는 것을 감추고 배우지 않으려는 태도가 부끄러운 것이다. 부모님이 힘겹게 마련한 등록금을 받으며 공부하지 않는 친구들이 부끄러운 것이지 자신의 땀과 노력으로 등록금을 마련하고 배움을 위해 학교에 진학했다는 사실 하나만으로도 여러분은 칭찬받아 마땅하다.

월급으로 편안하게 살 수도 있다. 하지만 이렇게 늦은 시간 피곤한 몸을 이끌고 학교에 왔다는 사실만으로도 앞으로 여러분의 삶이 어떻게 진행될지 기대가 된다. 학위가 있는 사람도 사회에서 인정받기 위해서는 오랜 시간 노력해야 한다. 그런데 여러분은 순서가 바뀐 것이다. 학위만 취득하면 그때부터 바로 능력을 발휘하게 될 것이다. 이미 예행 연습을 충분히 했기 때문이다."

나는 새 학기를 시작해서 종강할 때까지 학생 한 명 한 명을 모두 강단에 세우며 자신감을 찾을 수 있도록 지도했다. 그중에 한 친구는 졸업 후 일반대학원에 수석 입학하는 기쁨을 전해 왔다. 수석 입학했던 그 친구는 졸업 후에도 오랫동안 소식을 전해 주었고, 자신감을 회복했다며 기뻐했다. 그밖에도 많은 학생들이 대학원에 진학했다. 배움은 때가 중요하지만, 그것이 전부는 아니라는 것을 깨달았다며 감사하다고 말한다. 그 친구들 덕분에 얼마나 기쁘고 감사하며 행복했는지 모른다.

오히려 그 친구들 덕분에 선생이라는 소리를 듣게 된 순간만으로도 행복하다. 나는 열등감 때문에 아프다고 하소연할 시간에 그 열등감을 수용하고 해소하기 위해 행동했다. 열등감의 그릇에 자신의 존재감과 작은 성취들을 하나 둘 채워 성취의 그릇으로 바꾸는 것이 중요하다. 아주 작은 변화들이 쌓이고 쌓여서 큰 산을 이루게 될 것이다.

✹ 삶의 나비효과, 기다림의 미학

우리나라 사람들의 '빨리빨리' 문화는 어디서 비롯되었을까? 선사시대 한반도에서 살았던 우리 선조들은 북방계에서 유래되었다는 보도가 있었다. 실제로 유전자 분석 결과 북방계 60퍼센트, 남방계 40퍼센트가 나왔다고 한다. 이로 미루어 보건대 빨리빨리 문화는 시베리아 벌판에서 사냥하던 기질에서 비롯된 것 같다. 빠른 속도 때문에 전세계 건설현장에서 엄청난 대공사들을 수주했고, 전후 복구도 빠른 기간에 이루어졌다. 또한 지금은 세계 14위권에 들 정도로 경제 성장을 이루었다.

신문과 방송에서 주목받는 사람은 대체로 성공한 사람들이다. 거창하고 원대한 목표를 향해 가는 것만이 진정한 성공자의 모습이라고 보여 주며 따라 해보라고 하는 듯하다. 그리고 그렇게 하지 못하는 사람은 이 험한 세상에서 주류로 살 수 있겠느냐고 질책하고 타박하는 것 같다.

그러거나 말거나 나는 나다. 내 색깔로 내 시간과 속도에 맞춰 세상을 살아가고 있다. 그런데 솔직히 가끔은 흔들리고 혼란스럽다. '정말 이렇게 살아도 되는 걸까? 이러다 나만 도태되는 것은 아닐까?' 그럴 때는 중국의 극동지방에서 자란다는 '모소 대나무'를 떠올린다.

이 대나무는 씨앗을 심고 정성을 다해도 4년 정도 시간이 흘렀을 때 3센티미터 정도만 자란다고 한다. 주변에서는 답답하다고 하지만, 신기한 것은 5년이 지나면서 하루에 무려 30센티미터 이상 자란다는 것이다. 그렇게 6주 정도 흐르면 15미터 이상 자란다. 눈으로 볼 때는 정체된 것처럼 보인다. 하지만 땅 속에 묻혀 있던 4년 동안 그 대나무는 끊임없이 뿌리를 뻗으며 성장하고 있었다. 6주 만의 엄청난 성장을 위해 땅 속에서 열심히 뿌리를 내리며 믿고 기다려 준 사람들의 기대를 저버리지 않았다.

우리는 기다림에 약하다. 음식점에 가서 주문하면 앉자마자 음식이 나오는 식당도 있다. 효능이 좋은 발효 음식들은 기다림이 없으면 얻을 수 없다. 오랜 무명생활에 지치지 않고 오롯이 한 길을 간 수많은 연예인들이 20~30년이 흘러 전성기를 맞이하는 경우가 있다는 것을 가끔 듣는다. TV에서 즐겨보는 프로그램 중 '생활의 달인'이라는 프로가 있다. 각 분야별로 오랜 시간, 실패를 거듭하면서 결국 달인이라는 칭호를 받으며 경지에 오른 사람들을 발굴하는 프로그램이다.

단 한 사람의 달인도 쉽게 된 경우가 없다. 수많은 실패와 역경을 딛고 자신이 하는 일을 하찮은 일이 아닌 위대한 일로 만들어 가는 것을 보면서 그들이 흘린 눈물과 땀에 박수를 보낸다. 수없이 많은 생각과 혼란 속에서도 나는 오늘도 기다린다. '너처럼 살아도 돼'라는 소리가 내 안에서 들릴 때까지…. '그래, 나 같은 사람도 한 명쯤은 있어야지.'

✱ 무조건 참는 것이 최선일까?

웰튜닝 체험 프로그램에 참여하는 사람들은 모두 자신의 마음 상태를 직접 목격하며 각자의 방식으로 표현한다. 그 프로그램을 거쳐 간 ○○은행의 한 중견직원이 생각난다. 체격이 크고 듬직해 보였다. 강의 중에 갑자기 참았던 설움을 폭포수처럼 쏟아냈다. 주변 사람들은 모두 자신들의 이야기에 집중하고 있었다.

그 직원이 속해 있던 팀원들은 당황한 듯했다. 나는 그 팀원들에게 부탁했다. "내면의 감정이 쏟아져 나올 동안 잠시만 기다려 달라. 위로나 진정시키려고 하는 행동들을 하지 말라." 그가 마음속에 묻어뒀던 감정들이 임계점을 넘어가서 자연스럽게 쏟아져 나온 것이니 우리는 기다려주기만 하면 된다고. 그는 땀과 눈물, 콧물이 뒤범벅이 되면서 한동안 감정을 억제하지 못했다. 얼마 후 조금 진정이 되면서 편안해졌는지 자신의 이야기를 털어놓기 시작했다.

그는 집안에서 반대하는 결혼을 했다. 둘은 행복한데 원가족(결혼하기 전 부모, 형제)과 연결만 되면 불편해진다. 그는 가족들의 마음을 상하게 하고 싶지 않다. 하지만 가족들이 요구하는 것은 많은

데 배려는 해주지 않는다. 그것을 제지하거나 불편하다고 표현하고 싶지만, 그렇게 되면 더욱 관계가 악화될까 봐 참고 있다. 아내에게 조금만 참고 시댁 식구들을 향해 먼저 수용해 주며 다가갈 것을 요구하고 싶지만, 아내의 감정이 상할까 봐 혼자 끙끙댄다. 그러다보니 미안한 감정을 넘어 자신이 너무나 한심해 보이면서 삶이 엉켜 버렸다는 것이다.

원가족이 해야 할 도리는 안하고 권리만 주장한다. 그런데 자신은 거절하거나 원망하지 않고 그 모든 것을 받아들였단다. 도를 넘는 간섭과 요구가 계속되었다. 자신뿐만 아니라 아내에게까지 무리한 요구를 하자 그 사이에서 아내도 힘들어하고 둘 사이에서 이러지도 못하고 저러지도 못하며 그 스트레스를 오롯이 혼자 견뎌내고 있었다는 것이다.

그는 웰튜닝 체험을 통해 자신이 신체는 어른이지만, 마음은 성장하지 못하고 독립하지 못한 상태라는 것을 발견했다. 그 누구도 그가 불행하기를 바라지 않았지만, 표현하는 방법이 달라 갈등을 유발했고, 그 중심에 자기가 있었다는 것을 이제야 발견했단다. 모두가 그를 사랑하는 사람들이다. 그 자신도 가족을 사랑했지만 표현 방법을 몰라서 모두가 공격자이자 피해자가 되어 버린 형국이라고 했다.

그는 혼자 잘 참아내면 이 갈등에서 벗어날 것이라고 생각했다. 그리고 언젠가는 자신의 마음이 전달될 줄 알았다. 하지만 참았던 것이 오히려 양쪽 모두에게 피해를 주게 된 결과가 돼 버렸고, 자신 또한 너무나 고통스러웠다고 했다. 그동안 잘 참아온 줄 알았다. 그런데 마음속에 원가족과 아내에 대한 원망과 분노의 감정이 있었다는 것을 발견했다.

무조건 참는 것이 최선이라고 생각했는데 감정을 올바르게 표현하는 것이 얼마나 중요한 것인지 깨달았다는 그는 그동안 억눌렸던 감정들을 쏟아내고는 얼굴이 환해지면서 이제 변하기로 결단했다고 말했다. "아내에게 먼저 제 마음을 표현하면 아내도 진심으

번 아웃 증후군

연탄이 다 타버려 하얗게 되듯이, 사람도 일을 너무 많이 하다 보면 다 타 버려 정신적인 탈진상태에 빠진다. 이것이 '번 아웃 증후군'(Burn out Syndrome)이다. 현대 사회의 탈진 증후군이나 연소 증후군을 뜻하는 신조어다. 과열 경쟁 속에 살고 있는 직장인들에게 많이 찾아오는 번 아웃 증후군은 현대인들에게 찾아오는 반갑지 않은 불청객과 같다.

이 증후군은 일중독과 밀접하게 연관돼 있다. 우리나라 국민들의 지난해 하루 평균 근무시간은 10시간 30분으로. 직장인의 약 85퍼센트가 직무 스트레스로 인해 번 아웃 증후군을 느낀다고 한다. 다수의 사람들이 늘 '피곤하다', '지친다'를 달고 사는 셈이다.

전문가들은 번 아웃 증후군이 개인의 문제에 그치지 않고 가정과 직장, 사회에까지 심각한 영향을 끼칠 수 있으며, 방치할 경우 우울증이나 자기혐오와 같은 증상을 동반하고, 심할 경우 수면장애나 과로사 등 건강에 치명적인 영향을 줄 수 있다고 한다.

이에 대한 가장 간단한 해결책으로 숙면을 권장한다. 적당한 휴식은 과로, 스트레스, 심리적 부담을 줄이는 데 매우 효과적이다. 두 번째는 업무 외에 취미생활을 즐기는 것을 추천한다. 마지막으로 규칙적인 생체리듬을 유지한다. 불규칙한 생체리듬은 곧 피로로 이어지며 식사와 수면을 규칙적으로 유지하는 것이 건강에 좋다.

로 위로해 줄 것 같아요. 그리고 원가족에게도 저의 감정과 지금 변화된 마음을 지속적으로 표현하겠습니다."

그는 곧바로 자신이 원하는 결과가 나오지 않더라도 큰 줄기는 사랑을 전달하고 행복을 완성해 나가는 과정으로 여기겠다고 했다. 자신이 먼저 행복해지면 자신을 통해 연결된 가족들과도 함께 잘 지낼 수 있을 것 같단다. 그때 함께 참석한 사람들은 그의 진솔한 고백을 듣고 서로 위로하며 치유를 경험했다.

거창한 것이 아니어도 된다. 표현하는 방법을 몰라 표현하지 못했거나 참는 것이 미덕이라 여겼던 마음만 달라져도 똑같은 환경이 달리 보인다. 해결 방안이 보이기 시작한다. 행복하기 위해 나의 행복을 미루거나 희생하는 것이 아니라, 내가 행복하면 우리가 행복해진다는 것을 알아야 한다. 우리 모두는 다 연약한 존재다. 자신의 연약함을 수용해 보자.

나도 당신 생각이랑 같아

✹ "통증이 심할 텐데 어떻게 참았어요?"

나는 2009년 서해안고속도로에서 교통사고를 당했다. 앞서가던 차량들이 갑자기 속도를 멈추며 정차하기에 나도 속도를 멈추고 정차했다. 몇 초가 흘렀을까? '쾅' 하는 소리와 함께 온몸이 큰 충격을 받고 잠시 멍한 상태가 되었다. 따라오던 차량이 옆 사람과 이야기하면서 전방을 주시하지 못하고 내 차를 들이받은 것이다. 3개월도 채 안 된 새 차는 트렁크가 심하게 부서졌다. 상대방 차는 엔진에서 연기가 났다.

보험사에서 사고 현장을 조사하고 마무리하는 것으로 일단 헤어졌다. 외상이 없었기에 차만 부서졌지 사람은 별 이상이 없다고 생각했다. 내가 만약 아프면 병원에 가겠다고 이야기했다. 그런데 30분쯤 운전하고 가던 중 온몸에서 식은땀이 흐르며 마비 증상이 왔다. 두렵고 무서웠다. 응급실에 도착했고 당직 의사는 여러 가지 검사를 실시하더니 일단 경추에 이상이 있다며 반 깁스 형태의 도구를 목에 채웠다. 자세한 검사는 오늘밤 지나 보고 내일 하자고 해서 입원했다.

문제는 그 다음날부터 지속적으로 나타났다. 목이 아픈 것뿐만 아니라 허리와 온몸에 통증이 심하게 와서 고통스러웠다. 그런데 사람들의 반응이 이상했다.

6인실에 입원한 환자 대부분이 교통사고 환자들이었다. 2~3일 만에 합의했다며 퇴원했다. 외상이 없는 교통사고 환자는 대부분이 가짜 환자라며 나의 고통을 받아들이려 하지 않았다. 아침에 일어나 보면 옆 침대의 환자가 '밤새 앓던데 많이 아픈가 보다'라는 말을 듣곤 했는데도 말이다. 의사와 간호사들은 내 통증을 이해하지 못했다.

아프다고 고통을 호소하면 의사는 진통제를 강한 걸로 놔주라고 하고, 간호사는 처방받은 대로 강한 주사를 놓아줄 뿐이었다. 또다시 좌측에 마비 증세가 심해지며 손이 얼음장처럼 차가워진 것을 확인한 간호사가 급히 의사에게 연락했다. 검진하던 의사는 '이상하네'라는 말만 연발하며 다시 진통제를 처방했다.

나는 의사에게 물었다. "교통사고는 팔, 다리가 부러지는 외상을 당하지 않으면 다 가짜 환자군요. 그런데 어쩌지요. 난 외상이 전혀 없지만 통증이 심해 고통스럽기만 한데 무조건 진통제로 버텨야 하나요?"

의사는 할 말이 없다며 내일도 아프면 그때 더 자세한 검사를 다시 해보자고 했다. 다음날 다시 여러 가지 검사를 했다. 별 다른 소견이 없다는 결론이었다. 한 달을 입원해 있었으나 통증과 부종은 사라지지 않았다. 2학기 개강에 맞춰 어쩔 수없이 퇴원을 했고 학교에 복귀했다. 1시간 쯤 강의를 하다 보면 또다시 마비 증세처럼 온몸이 경직되고 식은땀이 흐르며 고통스러웠다. 결국 개강 한 달여 만에 학교에 사표를 제출하고 말았다. 학교에 여러 가지 문제들이 있었지만, 교통사고 후유증으로 인해 결단을 빨리 내렸다.

교통사고 후유증으로 고생했고 무려 3년 동안 치료를 받았다. 오랜 시간 통증으로 고통을 받았지만, 그것보다는 보험사와 의사들의 반응 때문에 더 큰 고통을 경험했다. 여전히 가짜 환자 취급을 했기 때문이다. 결국 팔을 들 수 없어 세수도 한 쪽 손으로 하고 팔을 들 때면 다른 쪽 손으로 받쳐야만 될 정도로 고통스러울 때 한의원을 찾았다.

한의원 원장님의 따뜻한 말씀으로 인해 그 동안의 고통이 사라지는 듯했다.

"아니, 그동안 어떻게 참으셨어요. 통증이 심했을 텐데…"

"원장님 저 정말 아픈 거 맞아요? 가짜로 아픈 거 아니고 진짜 아픈 거 맞아요?"

"네! 정말 아픈 거 맞아요. 경추 4~5번이 어긋났고 실 근육들이 많이 파열되어 통증이 심했을 텐데 그동안 어떻게 참으셨어요?"

그동안 통증으로도 고생했지만 내 통증을 교통사고 환자들의 과대망상이나 엄살로 몰고 가는 의사와 보험사 직원 때문에 고통스러웠던 모든 아픔이 한순간에 사라지는 듯했다.

"원장님! 저 정말 아픈 거 맞지요?" 재차 확인했다.

"네! 정말 아픈 거 맞아요. 오랜 시간 치료해야 합니다."

"보험사에서 저한테 가짜 환자 대하듯 해서 기분도 나쁘지만 치료를 계속할 수 있을까요?"

"걱정하지 마세요. 정말 아픈 거 맞고 제가 보험사에 증명할 테니 치료나 꾸준히 받으세요."

그 한의원에 1년간 다니며 마비증세도 완화되었고 통증도 강도가 약해졌다. 꾸준한 재활치료를 위해 운동도 시작했다. 내가 회복되는 것을 본 한 교수님이 그 병원을 소개해달라고 해서 안내해 드렸다. 그 교수님은 교통사고로 장애등급을 받은 분이셨고, 원장님은 진찰 후 나에게 말씀하셨다.

"장애진단 받은 환자보다 당신의 통증이 더 강했어요. 앞으로 참지 말고 아프다고 표현하세요."

교통사고가 발생한 지 6년이 지났지만 지금도 운동을 조금만 소홀히 하거나 피곤하면 목과 어깨 통증으로 불편하다. 우리는 내가 아는 만큼만 공감한다. 같은 고통을 경험하지 않으면 공감해 주는 것이 얼마나 큰 기쁨인지 잘 알지 못한다. 아픔을 공감하는 말 한마디로 그동안 외롭고 고통스러운 통증에서 해방되는 듯한 경험을 했다. 그 후 공감하는 말 한마디의 위력을 전하려고 노력한다.

6.25를 경험하지 않은 어린아이들은 전쟁 때 배고픈 설움을 이해하지 못한다. 초등학생들은 이렇게 얘기한다. "왜 굶어요. 배고프면 라면 끓여먹지."

'동냥은 주지 못할망정 쪽박은 깨지 말라'는 속담처럼 갈등을 해결해 주지는 못할지라도 그 마음까지 아프게 할 필요는 없다.

✳ "괜찮아, 마음껏 울어!"

미국의 기업가 '워렌버핏'은 '당신이 구덩이에 빠져 있음을 깨달았을 때 할 수 있는 최선의 일은 삽질을 그만 하고 멈추는 것'이라고 했다. 그런데 대부분의 경우 울고 있는 사람이 곁에 있다면 이유가 무엇인지 알기 위해 질문을 쏟아 내거나 울지 말라고 다그친다. 그 모든 것들은 상대방을 위한 것이 아니고 공감해서 그러는 것도 아니다.

그럴 때는 울음을 그칠 때까지 잠시 위로하려는 말을 멈추고 기다려 주는 것이 좋다. 누군가 사람이 옆에서 울면 대부분의 사람들은 불편해한다. 울음이 주는 무게감 때문일 것이다. 눈물은 과거 지향적이고 웃음은 미래 지향적이라고 말하는 사람이 있다.

우리는 눈물에 약하다. 남자는 여자의 눈물에 약하고, 어른은 아이의 눈물에 약하다. 눈물을 상습적으로 악용하는 사람들도 있다. 나는 어린 시절에 "너는 다 좋은데 제발 울지만 말라"는 할머니의 지청구를 들으며 '눈물은 나쁜 것'이라고 생각했다.

슬픈 사연만 들어도 우는 사람들이 있다. 하다못해 허구인 줄 알면서 드라마를 시청하다가도 툭 하면 우는 사람들을 보면 주변에서 이렇게 말한다.

"말 못할 사연이 많은가 봐!"

"저렇게 쓸데없이 감정을 낭비해서야 원. 쯧쯧쯧."

"울면 다 되는 줄 아나 보네. 눈물을 무기로 사용하지 마!"

"자기 감정 하나 추스르지 못해."

"울지 마! 운다고 해결되니?'

눈물을 흘리는 사람에게 이런 말들을 한다. 왜 눈물을 부정적인 측면으로만 보는 것일까? 눈물을 흘리고 나면 박장대소한 것처럼 개운할 때도 있다는 것을 왜 인정하지 않을까? 마음껏 개운하게 울지 못했기 때문에 분출되지 못했던 눈물이 이제야 나오는 것이라고는 생각하지 않을까?

누군가 내 앞에서 울고 있다면 본의 아니게 가해자가 된 듯한 느낌을 받는다. 내가 어쨌기에 그러나며 안절부절못한다. 그 상황이 불편한 것이다. 그러다 보니 어떻게든 상대방을 안정시켜야 되겠다는 마음이 앞서 자신만의 방식으로 위로하는 것이다. 주변의 지인이 눈물을 흘리고 있는가? 눈물을 흘리면 이렇게 얘기해 주자.

"괜찮아! 누구 눈치 볼 거 없어! 마음껏 울어."

잠시 마음을 진정시킬 여유를 주고 기다려주면 된다. 그가 울음을 멈추고 왜 울었는지에 대해 이야기할 때까지…. 그가 이야기를 하지 않는다고 해도 채근하지 마라. 울음으로 인해 가슴속 응어리가 다 해소되어 굳이 이야기할 거리가 사라져 버렸을 수도 있으니 말이다. 어느 누구든지 내 앞에서는 마음껏 울 수 있도록 하자. 잠시 침묵하며 쌓인 응어리를 깨끗이 비워 버릴 수 있도록 기다려만 주면 된다.

✸ 공감이란 상대방과 눈높이를 맞추는 것

사람들은 친해지면 친해질수록 공감 능력이 배가된다. 주일학교 교사를 할 때 유독 기억나는 아이가 있었다. 그 친구는 예배시간이 되면 팔짱을 끼고 뒤로 젖히듯 앉아 목사님 말씀에 '흥, 거짓말!'이라고 말해서 나를 당황시켰다. 빈정거리는 말을 하지 않으면 앉아서 졸았다. 그런 아이를 보면서 나는 가슴이 많이 아팠다. 그 아이의 빈정거림이 나에게는 "선생님! 마음이 아파요. 저 좀 바라봐 주세요"라고 들렸다. 초등학교 5학년이 무엇이 그리 아프고 고통스러워서 저렇게 표현할까?

그 마음이 내게 이입되어 가슴이 먹먹해짐을 느꼈다. 예배를 마친 어느 날 그 아이와 마주앉아 이야기를 시작했다. "○○야, 선생님이랑 손 좀 잡을까? 눈 좀 마주치자. 응?"하면서 손을 잡고 무릎을 맞대며 물었다.

혹시 내가 ○○에게 상처를 준 적 있니? 내 기억에는 그런 적이 없지만 혹시 그랬다면 미안해. 용서해 줄래?"

"아니요. 그런 적 없어요."

"그래! 다행이다. 나는 ○○가 나를 싫어하는 거 같아서 내가 뭔가 실수한 게 있나 보다 생각했지! 결석하지 않고 나와 줘서 고마워. 보고 싶은 ○○를 교회에서 만나게 되어 나도 기쁘고 하나님도 기뻐하실 거야."

"선생님! 왜 저를 칭찬하세요. 난 칭찬 받을 게 없는데…"

"왜 그렇게 생각하지? 내 눈에는 모든 것이 칭찬할 일인데…"

"하나님께 예배드린 것도 칭찬할 일이고, 보고 싶었는데 이렇게 와서 얼굴 보여 주는 것도 고마운 일이고 다 칭찬할 일이지?"

"지각하고 와서 졸았는데 그게 무슨 칭찬할 일이에요?"

"그러니까 더 칭찬할 일이지. 지각하면 아예 포기하고 안 올 수 있는데, 늦었지만 결석하지 않고 온 것도 칭찬할 일이지. 집에서 편하게 자면 좋았을 텐데 참고 와서 많이 피곤하다 보니 자신도 모르게 졸게 되고 불편한 의자에 앉아 얼마나 힘들었겠니? 그래서 나는 너의 책임감과 결단력을 칭찬한 거고 고마운 일이라는 거야. 황우장사도 눈꺼풀은 못 이긴다잖니? 어른들도 쉽지 않은 일이야!"

그 아이는 무척 쑥스러워하면서 "이젠 갈게요" 하며 도망치듯 예배실을 빠져나갔다. 그날 저녁 그 아이는 메일을 보내왔다. "선생님! 저한테 실수한 것 없어요. 사랑합니다." 메일을 확인하고 눈물이 왈칵 쏟아졌다. 그 뒤 아이는 눈에 띄게 밝아졌다. 그렇게 1년을 보내고 헤어졌다. 지금도 그 아이를 생각하면 빙그레 미소가 지어진다. 진정한 공감이란 내 관점이 아닌 상대방의 관점으로 읽어야 한다. 상대방을 알아간다는 것은 마음으로 알아가는 것이 가장 좋다. 아는 만큼 보인다. 모르면 오해할 수 있다.

공감이란 상대방의 눈높이에 나를 맞추는 것이다. 그가 하는 이야기를 언어로만 듣지 말고 언어와 비언어를 지켜보고 마음으로 공감해야 한다. 상대방의 이야기를 내 관점으로 보고 듣고 판단한다면 공감과 거리가 멀어진다. 상대가 하는 모든 언어와 비언어에 대해 '그렇구나! 그랬구나!'라고만 할 수 있다. 상대방이 아팠다고 하면 "에이, 그 정도는 아무것도 아니야! 정말 아픈 것은 말이지…" 라고 하면서 위로하려고 한다. 위로하려 애쓰지 마라. 상대가 하는 이야기에 고개를 끄덕이거나 미소만 지으면 된다. 그가 하는 이야기를 메아리처럼 반복해서 따라 해주는 공감만으로도 충분하다.

✻ 강하고 자극적인 말은 외롭다는 강력한 증거다

지치고 힘이 들 때 힘을 낼 수 있게 하는 말은 위로와 격려와 인정하는 말들이다. 힘을 내라며 강하고 자극적인 말들을 한다면 그는 에너지를 낭비한 것이다. 낙숫물이 바위를 뚫는다. 요즈음 냉소적이고 비난과 저주가 가득한 말들이 떠돈다. 서로 경쟁이라도 하듯 자극적인 말들로 생채기를 만들고 있다. 어린 시절 '기똥차다'는 말이 유행했다. 친구들 사이에 이 말을 사용하지 않는 아이들을 본 적이 없을 정도였다. 나 역시 당연하게 받아들였고 무심코 사용하고 있었다. 어느 날 오빠한테 무언가에 대해 이야기를 하면서 "오빠, 기똥 차!" 하고 의기양양하게 이야기했다.

"그 말이 무슨 뜻이야?"

"응, 정말 좋다는 뜻이야."

"그러면 정말 좋다고 하지 왜 기똥차다고 해?"

"애들 모두 다 사용하는 말이야."

"아이들이 다 사용한다고 해서 우리 광하까지 사용해야 될 필요가 있을까? 정말 좋다고 이야기해도 되잖아! 그 뜻을 표현하는

데 해당되는 말이 없는 것도 아니고 아이들이 사용한다고 해서 너까지 사용할 필요는 없다고 생각하는데…"

할 말이 없었다. 그때 주고받은 말이 생각나서 가급적이면 자극적이거나 서슬 퍼런 칼날이 있는 말들은 사용하지 않으려고 애쓴다. 지금 우리 사회는 거칠고 아픈 단어들로 가득한 것 같다. 마치 '누가 더 자극적이고 거친 말들을 해서 사람들을 요동치게 하나' 대회를 하는 것 같다.

상대를 기분 상하게 만들기 위해 사용하는 말을 내가 먼저 듣고, 내 몸과 마음을 통해 배출되면서 가장 큰 피해자는 자신의 몸과 마음, 영혼임을 자각할 필요가 있다. 가능하면 부드럽고 따뜻한 말들을 하려고 노력하자. 거칠고 아픈 말들을 대신할 따뜻한 말들은 많다. 같은 칼이라도 의사가 사용하면 죽어가는 생명을 살릴 수 있지만, 강도가 사용하면 사람을 해친다.

말 한마디로 사람의 마음에 아름다운 꽃들이 만발하는 정원을 만들 수도 있고, 거칠고 황량하기 그지없는 폐허를 만들 수도 있다. 거친 말들을 쏟아내면 감정적으로는 해소된 것 같지만, 영혼이 파괴된다. 지금 주변에 거칠고 자극적인 말을 하는 사람들은 없는가? 그러한 언어를 사용하는 사람은 자신의 내면이 극도로 외롭다는 것을 입증하는 것이다.

언어로 표현된 말만 들으면 그를 제대로 바라볼 수 없다. 그 거친 말 속에 있는 내면의 소리를 듣고 따뜻한 언어로 반응하면 그를 살릴 수 있다. 오늘도 내 영혼을 살리기 위한 따뜻한 말, 위로의 말, 부드러운 말, 배려의 말들을 하기로 결심한다.

✴ 인생은 생방송이다

인간은 이 땅에 태어나는 순간부터 직접 생방송을 시작한다. 리허설을 한 후 본 방송을 촬영한다면 못하는 사람이 있겠는가. 하지만 인생의 모든 것이 생방송이기 때문에 순간순간 집중하지 않으면 그냥 지나쳐 버릴 수 있다. 그런데 우리는 인생이 생방송임을 잊고 살 때가 많다.

후회 없는 삶을 산 사람이 몇이나 될까? 지금 이 순간에 집중하는 훈련을 통해 조금 더 풍요롭고 윤택한 삶을 살 수 있다. 톨스토이는 가장 중요한 시간은 지금 이 시간이라고 했다. 그런데 과거에 묶여서 한 걸음도 움직이지 않는 사람들도 있고, 다가오지 않은 미래를 기다리느라 지금 이 시간을 하염없이 흘려버리는 사람도 있다.

과거의 아픔을 곱씹느라 지금의 기쁨을 놓치고 있지는 않은가? 과거에 불행했던 일 때문에 지금의 행복한 현실을 누리지 못하는가? 아픔 없이 성장하는 생명체는 이 세상 그 어디에도 없다. 과거를 돌릴 수 있다면 얼마나 좋을까? 하지만 그 누구도 과거를 돌릴 수는 없다. 다만 과거를 있는 그대로 수용하거나 새로운 시각으로 볼 수는 있다. 피할 수 없는 고통이라면 오롯이 그 아픔을 견디면서 시간이 흘러가도록 기다릴 수밖에 없다.

뮤지컬 '지킬 앤 하이드'의 작곡가 프랭크 와일드혼의 '지금 이 순간'의 가사(This is the moment)를 보면 이렇다.

지금 이 순간 지금 여기 간절히 바라고 원했던 이 순간
나만의 꿈이 나만의 소원 이뤄질지 몰라 여기 바로 오늘
지금 이 순간 지금 여기 말로는 뭐라 할 수 없는 이 순간
참아온 나날 힘겹던 날 다 사라져간다 연기처럼 멀리
지금 이 순간 마법처럼 날 묶어 왔던 사슬을 벗어 던진다
지금 내겐 확신만 있을 뿐 남은 건 이젠 승리뿐
그 많았던 비난과 고난을 떨치고 일어서
세상으로 부딪쳐 맞설 뿐
지금 이 순간 내 모든 걸 내 육신마저 내 영혼마저 다 걸고
던지리라 바치리라 애타게 찾던 절실한 소원을 위해
지금 이 순간 나만의 길 당신이 날 버리고 저주하여도
내 마음속 깊이 간직한 꿈 간절한 기도 절실한 기도
신이여 허락하소서.

우리가 통제할 수 있는 시간은 지금 이 시간 외에는 없다. 당신
은 과거 지향형과 현재 진행형, 미래 지향형 중 어디에 속한 사람
인가? 후회를 자주 하는 사람들은 과거에 대한 미련을 버리지 못
하는 사람들이 많다. '그때 그랬더라면, 그때 다른 선택을 했더라
면' 등의 말들로 귀한 시간을 후회하는 데 사용한다. 그 시간을
되돌릴 수는 없다. 지난 과거를 거울삼아 더 나은 삶을 살아야 되
는데, 끊임없이 과거에 매달려서 지금 이 시간을 흘려버리는 사람
들을 많이 본다.
　"지금 이 순간 당신의 마음은 과거의 상처에서 벗어나지 못하

고 헤매고 있는가?

아니면 미래를 위해 지금 모든 고통을 감내하며 기쁨을 미루고 있는가?"

어느 쪽이든 지금 이 순간 그 모든 것들을 멈춰라. 지금 이 순간도 생방송임을 기억하고 집중하자. 처음이자 마지막 내 인생이다.

자존심과 자아존중감(self-esteem)

자존심은 '남에게 굽히지 아니하고 자신의 품위를 스스로 지키는 마음'이다. 긍정적인 측면에서는 스스로 잘났다는 생각에 자신감이 높고 당당하다. 하지만 타인과 비교해서 우월감을 갖거나 상대적인 박탈감 등을 느끼며 부정적인 영향을 끼칠 수도 있다. 자존심이 강한 사람은 자기 중심으로 생각하고 타인의 태도나 평가에 민감하게 반응한다. 남에게 지지 않으려는 경쟁심을 지나치게 드러내며, 다른 사람의 비판이나 충고를 잘 들으려고 하지 않는다. 따라서 자존심은 긍정적이고 창조적인 활동에 방해가 될 개연성이 높다.

한편 자아존중감(자존감)은 자신이 사랑받을 만한 가치가 있는 소중한 존재이고 어떤 성과를 이루어낼 만한 유능한 사람이라고 믿는 마음이다. 미국의 의사이자 철학자인 윌리엄 제임스가 1890년대에 처음 자아존중감이라는 용어를 사용했다. 자아존중감은 주관적인 느낌이다. 자신을 객관화하는 것은 자아존중감을 갖는 첫 단추다.

자존감이라는 개념이 가끔 자존심과 혼동되어 쓰이는 경우가 있다. 자존감과 자존심은 자신에 대한 긍정이라는 공통점이 있지만, 자존감은 '있는 그대로의 모습에 대한 긍정'을 뜻하고 자존심은 '경쟁 속에서의 긍정'을 뜻하는 차이가 있다. 자존감은 학업 성적, 리더십, 위기극복능력, 대인관계 등 삶에 많은 영향을 미친다. 특히 대인관계는 자존감과 정비례하는 모습을 보인다.

3장

마음을 조율하라

마음과 마음을 이어주는 대화

학창시절 내내 영어를 배우긴 했지만, 영어는 언제나 두려운 대상이다. 길을 걷다가 외국인과 눈이라도 마주치면 심장이 쿵쿵 뛰는 소리를 듣곤 한다. 2009년에 사이판에 간 적이 있었다. 그때는 그리 두렵지 않았다. 통역이 있었기 때문이다. 일행과 함께 있을 때 자연스럽게 현지인과 어울리게 되었다. 미소를 띠며 열심히 경청하는 자세로 상대방과 마주 앉았다. 그런데 느닷없이 통역을 담당하던 일행이 자리를 뜨고 말았다. '이를 어쩌나…' 온몸이 경직되고 심장은 요동치고 얼굴이 화끈거리기 시작했다.

그런데 현지인이 화사한 미소를 띠며 유창한 영어로 질문하는 것이 아닌가. 황급히 일행을 찾으니 그 현지인은 통역을 부를 필요 없다며 천천히 질문했다. "사이판에 처음 온 거냐? 사이판을 둘러본 느낌은 어떠냐? 지금 즐겁냐?" 등을 물었다. 나는 아주 짧은 문장 또는 단어로 온몸과 마음을 다해 내 생각이 전달되도록 표현했다. 현지인은 호탕하게 웃으며 내 말을 듣고 맞장구를 쳤다. 등줄기에 식은땀이 흘렀다. 두려움이 차츰 없어졌다. 유창한 언어로 능숙한 표현은 못했지만, 결국 마음은 전달할 수 있다는 것을 체험했다.

대화는 요리에 비유할 수 있다. 겉으로 그럴싸해 보여도 마음이 전달되지 않는 대화는 특성을 살리지 못한 요리와 같다. 요리를 잘하는 사람들은 재료 각각의 특성들을 잘 안다. 요리할 때 그 재료들의 장점을 살린다. 각각의 재료들의 맛을 최대한 살려 서로 잘 어우러지게 했을 때 최상의 요리가 탄생한다. 사람과의 관계를 지속하는 것도 마찬가지다. 짤막한 언어나 비언어로도 얼마든지 대화할 수 있다. 하지만 마음을 제대로 전달하지 못하는 사람은 있는 재료들을 제대로 활용하지 못하고 맛없는 요리를 만드는 것과 같다.

대화할 때 유창한 언어와 화려한 비언어로 멋지게 포장은 할 수 있다. 그러나 그 안에 진정성이 결여되면 좋은 관계를 맺을 수 없다. 우리가 진정성을 가지고 있으면 표현이 세련되지 않더라도 마음이 전달된다. 삶은 작은 기쁨들이 있는 일상의 연속이다. 아무리 화려하고 감동적인 이벤트도 자주 하면 식상하다. 화려하지는 않지만 소소한 일상이 주는 행복을 맛보는 것이 진짜 삶이다. 투박하고 세련되지는 않지만 진정성 있는 마음이 전달될 때 진한 감동이 일어난다.

마음과 마음이 이어지는 대화란 어떤 건지 내가 경험한 사례를 나눠 본다.

당신을 만나서 기쁘다

✳ 숙박비는 내고 가야지!

인천에 있는 한 대학에 강의를 나갈 때였다. 내가 하는 수업에 슬리퍼를 신고 점퍼 차림으로 들어오는 한 남학생이 있었다. 그 학생은 늦게 오면서도 별로 미안해하는 기색도 없었다. 뒷자리에 앉아서 꾸벅꾸벅 졸다가 수업을 마치면 잠을 깨곤 했다. 그날도 어김없이 수업시간에 편안하게 잠을 자고 나가려는 그 학생을 향해 외쳤다.

"숙박비는 내고 가야지!"

그 학생은 눈을 동그랗게 뜨고 깜짝 놀란 표정을 지었다.

"너를 재우느라 얼마나 수고했는데 그냥 가면 안 되지."

그러자 그 학생은 당당하게 말했다.

"교수님! 다른 수업에는 안 들어가요. 교수님 수업만 들어온다고요."

"그럼 공평하게 내 수업에도 들어오지 마. 다른 수업에 안 들어가면서 왜 내 수업에는 들어오니? 다음부터는 내 수업에도 들어오지 마라. 사람은 일관성이 있어야 되는 거야."

그 아이가 마음속으로 하는 이야기가 들리는 듯했다.

'그래도 교수님 수업에는 들어오잖아요. 잠을 자더라도 다행인 줄 아세요. 그런데 저더러 숙박비를 내라니요. 그러시면 안 되지요.'

내가 주의를 주었음에도 불구하고 그 다음 수업시간에도 변함없이 동일한 모습으로 와서 숙면을 취하고 돌아갔다. 나는 교실을 나서는 학생에게 외쳤다.

"너는 정말 교복을 좋아하는구나."

의아한 표정을 짓는 아이에게 이렇게 덧붙였다.

"지금까지 동일한 복장으로 학교에 등교하는 것은 교복을 좋아해서 그러는 거 아니니?"

그 다음 수업시간에 그는 말끔한 복장에 책을 들고 일찌감치 수업에 참석했다.

"와우, 너 정말 멋지다. 그렇게 입으니까 모델해도 되겠네. 여러분 생각은 어때요. 정말 멋있지 않아요?"

학생들이 이구동성으로 외쳤다.

"멋져요."

"우리 저렇게 멋지게 입고 온 친구에게 박수 쳐 주자."

그러자 그 학생은 머쓱해하면서 이렇게 말했다.

"아르바이트해서 번 돈으로 샀어요."

그 학생 덕분에 강의실 분위기는 훈훈해졌다. 수업을 마치고 나오려는 내게 그 학생이 조용히 다가왔다. 그리고 대뜸 이렇게 말했다.

"교수님! 저 소년원에 다녀왔어요."

"그래?"

그 아이는 또다시 눈을 깜빡이며 나를 쳐다봤다.

"그래서?"

"아니요. 그냥 그렇다고요."

"소년원에 다녀온 것이 자랑은 아니다. 하지만 그 일로 주눅 들 필요는 없어. 정도의 차이가 있지만 모든 사람들은 잘못을 해. 잘못도 하고 실수를 통해 조금씩 성장하고 좋은 방향으로 변화하는 거야. 어린 시절 한 번 잘못한 일 때문에 위축될 필요는 없어. 앞으로 살아갈 날이 훨씬 많은데, 그 잘못된 선택을 통해 많은 것을 깨달았으면 좋겠다. 다음 시간에 만나자."

그 뒤 그 학생은 수업시간에 성실한 태도를 보이며 집중했다.

어느 날 강의실로 이동하는데 다른 과 교수님이 그 학생을 나무라는 것을 볼 수 있었다. 무슨 일인지 확인하러 가보니 그 학생 손에 담배꽁초가 들려 있었다. 조금 전 엘리베이터에서 학생들을 향해 끊임없이 지적하면서 야단을 치던 바로 그 교수님이었다. 그 학생은 담배를 피우다 교수님이 오셔서 놀란 나머지 담배꽁초를 떨어뜨린 것이라고 했다. 그런데 교수님은 그 학생이 담배를 피우면 안 되는 계단에서 담배를 피웠고, 그 꽁초를 버리기에 꽁초를 주우라고 하니 눈을 흘기면서 대들었다는 것이다.

일단 그 교수님께 제 수업시간이 되었으니 주의를 주겠노라고 말씀드리고 그 학생을 데리고 강의실로 들어왔다. 수업을 마친 후 학생에게 면담을 청했다. 자초지종을 물으니 그 학생은 이렇게 말했다.

"제가 잘못한 것은 인정해요. 하지만 그 교수님이 필요 이상으로 질책하기에 놀라서 꽁초를 떨어뜨렸어요. 그런데 그 교수님이 제가 꽁초를 일부러 버렸다고 주장하면서 화를 내시기에 저도 화가 났어요."

그 교수님의 성향을 조금 알고 있었고, 엘리베이터 안의 상황도 직접 목격했던 터라 이해할 수는 있었다. 그렇다고 해서 학생의 행동을 정당화할 수는 없었다. 그 학생에게 말했다.

"네 심정도 이해한다. 기분 상했겠다. 그런데 네가 담배를 피우면 안 되는 지역에서 피운 건 사실이고, 그건 잘못된 행동이야. 그분은 교수님이고 넌 학생이야. 뿐만 아니라 교수님은 어른이고, 넌 어린 친구니까 사과하는 것이 옳다고 생각해. 하지만 결정은 네가 해. 사과하러 갈 거라면 내가 같이 가 줄게. 바로 내 수업시간 전에 발생된 일이니 선생은 아무리 짧은 시간 동안이라도 부모를 대신한다고 생각해. 그래서 사과하러 간다면 나도 같이 가서 사과할게."

사과하러 가겠다고 해서 그 학생과 함께 그 교수님을 찾아갔다. 그 교수님이 깜짝 놀라는 표정을 지었다. 나는 그 교수님께 다시는 이런 일이 발생하지 않도록 주의를 주겠노라고 말하며 노여움을 푸시라고 했다. 그 학생도 고개를 숙이며 "죄송합니다"라고 사과했다. 그 교수님은 '알았다'고 하면서 멋쩍어 했고 더 이상의 말씀은 하지 않으셨다. 그 학생을 교수식당에 데리고 가서 저녁을 함께 먹으며 이야기했다.

"사과한 소감이 어떠니?"

"찜찜했던 속이 후련해요"라고 하며 배시시 웃었다.

"이 세상 모든 사람은 실수를 한단다. 실수하면 실수를 인정하는 것이 중요해. 실수를 통해 배우는 것이 없다면 그것이 정말 큰 문제야. 학교에서는 많은 사람들이 함께 생활하기 때문에 정해진 규칙이 있어. 그 규칙은 지키라고 있는 거니까 다시는 오늘 같은 일이 없었으면 한다."

그 학생은 웃으면서 알았다고 했다. 그리고 자취생활과 학교생활에 관해 이런저런 이야기를 나누었다. 그 학생은 한 뼘쯤 성장한 표정으로 즐겁게 식사를 마쳤다.

✹ 상대평가 'NO', 절대평가 'YES'

중2, 사춘기를 보낼 무렵이었다. 엄마와 갈등이 생길 때마다 마지막으로 내가 쓰는 무기는 항상 "나 밥 안 먹어!"라는 말이었다. 그날도 마음이 불편했던 나는 엄마한테 '밥 안 먹어'라고 큰소리치며 내 방으로 돌아와 문을 잠그고 이불 속에 누웠다. 엄마는 내 방문 밖에서 노크했다. 나는 듣지 못한 것처럼 침묵했다.

하지만 엄마는 포기하지 않고 문을 열려고 했다. 시골집의 방문은 창호지를 바른 문이라서 안에서 열어주지 않아도 밖에서 창호지만 뚫으면 쉽게 열 수 있었다. 계속 재촉해도 내가 문을 열지 않자 엄마는 결국 밖에서 창호지를 뚫고 방문을 열어 내 방에 들어오셨다.

"일어나 밥 먹고 자."

'…'

내가 아무런 반응이 없자 엄마는 베개를 빼고 이불을 걷으며 누워 있던 나를 일으켰다. 밥 먹고 자라고 하신 후 조용히 문을 열고, 마당을 지나 집 밖으로 나가셨다. 배가 고팠기에 조금 멋쩍었지만 안방에 들어가 맛있게 밥을 먹었다. 배도 부르고 편안해지니 그제야 '엄마를 어떻게 보나?' 하는 걱정이 몰려왔다. 한동안 엄마 얼굴을 정면으로 바라보기 쑥스러울 것 같았다. 한참 후 돌아오신 엄마는 마치 아무 일도 없었던 것처럼 행동하셨다. 자연스럽게 엄마 얼굴을 보게 되었다.

성장기에 나는 어떤 경우에도 집안에서 무시당한다는 생각이 들지 않았다. 내가 어렸지만 엄마는 항상 내가 존중받았다는 느낌이 들게 했다. 세상에 무조건 존중한다는 게 얼마나 어려운 일이던가. 한 영혼이 천하보다 귀하다는 말씀을 빌리지 않아도 생명이 있는 모든 것은 존중받아 마땅하다. 지위와 지식과 재물로 존중받는 것이 아니라 존재 자체로 존중받아야 한다. 세상이 나를 존중해 주지 않는다고 분노할 것 없다. 내가 나를 존중하면 된다.

조카들과 함께 살 때 나는 가끔 조카들에게 이렇게 말했다.

"너희들은 정말 좋겠다."

"왜? 이모."

"이렇게 예쁜 이모가 있어서!"

그러면 조카들은 소리쳤다. '에~이 이모는 공주병이야.'

"그럼 내가 공주지 왕자겠니? 나 공주 맞아."

"푸하하하."

비웃는 듯한 조카들의 반응에 나는 마지막 말로 방점을 찍는다.

"너희들은 내가 진실을 말하면 웃더라. 난 진짜 공주야!"

다른 사람과 비교할 필요 없다. 타인이 예쁘다고 안 해준다고 기분 상할 필요 없다. 나에겐 자칭 예쁘다고 할 내가 있으니까. 굳이 상대가 나에게 하는 평가에 연연하지 않아도 된다. 내가 나를 보는 절대평가를 통해 어제보다 성숙한 내가 되면 그만이다. 친구가 내 사진을 보더니 말했다.

"네 사진을 스치듯이 빨리 보면 채시라 닮았어."

"아니, 내가 나이가 더 많으니까 채시라가 날 닮은 거지."

"아, 그런가? 그래, 진짜 닮았어!"

"얼굴에 눈 두 개, 코 하나, 입 하나. 1초쯤은 김태희 닮았어!"

"푸하하하!"

✯ 당신의 기분을 날씨로 표현한다면?

미국의 현대미술가 '로니 혼'(1955~)은 2014년 6월, 서울 종로구 소격동 국제갤러리 K1 1층 전시장에서 '당신은 날씨다'(You are the

Weather)란 작품으로 이색적인 전시회를 열었다. 전시장에는 같은 여성의 얼굴 100장이 같은 크기로 네 벽면을 빙 둘러 설치돼 있었다. 아이슬란드의 온천과 수영장에 몸을 담그고 있는 한 여성의 얼굴을 촬영한 100장의 사진으로 이뤄진 이 작품은, 짧은 시간 동안 얼굴에 나타나는 미묘한 표정과 심리 변화를 포착했다.

관람객들의 눈높이에 맞춰 걸어놓은 이 여성의 얼굴은 언뜻 보면 같은 표정이지만, 자세히 들여다보면 미세한 변화가 감지된다. 사진 속 여성의 얼굴은 로니 혼이 30년간 촬영했는데, 이번에 나온 작품은 최근 3년간 찍은 사진들이다. 그런데 그 사진을 비교해 보니 날씨가 시시각각 변화함에 따라 그 여성의 얼굴도 다르게 변화하는 것을 볼 수 있었다. 그의 사진은 인간과 자연, 인간과 물질이 유기적으로 연결돼 있다는 사실을 일깨운다.

이처럼 내 태도나 움직임에 따라 상대방의 표정과 태도가 달라진다. 결국 내가 먼저 어떻게 행동하느냐가 관건이다. 나는 어릴 때 우리 집에 밥을 구걸하러 오는 사람들에게 엄마가 밥상을 차려 주시는 모습을 보며 자랐다. 엄마가 늘 나에게 당부하시는 말씀이 있었다. "친구와 싸우지 마라. 혹시 싸우게 되면 맞고 와라." 나는 어린 마음에 '정말 친엄마가 맞을까?' 하는 의구심이 들었다. 그런데 나이가 들면서 어머니가 그렇게 말씀하신 속뜻을 조금씩 깨닫게 되었다. 사람들은 가끔 내게 이렇게 묻는다.

"왜 사람들에게 친절하세요?"

"네! 제가 받고 싶은 친절을 먼저 하는 거예요."

그렇다. 사람들에게 받고 싶은 대로 먼저 대접하면 된다. 내가 먼저 환한 미소와 따뜻한 눈빛, 긍정의 언어를 쓰며 상대방을 존중했을 때 메아리가 되어 돌아오는 경험을 많이 했다. 타인을 위하는 것이 곧 나를 위한 것이다. 왜 많은 사람들은 '고맙다. 미안하다. 사랑한다는 말을 하지 못할까?' 상대를 존중하면 이런 말들을 쉽게 할 수 있는데….

내가 환한 미소로 인사할 때 대부분은 환한 미소로 응대하는 경우가 많다. 간혹 생뚱맞다는 표정으로 행동하는 사람들도 더러 있지만, 먼저 상대방을 존중한다면 기분이 상하는 경우는 많지 않다. 그런데 불친절한 사람들을 만나면 정말 기분이 나쁘다. 존중하는 마음을 담아 상대방을 존중하며 따뜻하게 표현해 보자.

✴ 화내야 할 때 '너무 오래' 참지 마라

내가 중학교 2학년 때 어느 날, 사회 시간에 선생님이 여학생의 뺨을 때리는 사건이 발생했다. 나는 너무나 큰 충격 받아서 벌떡 일어나 선생님께 외쳤다.

"선생님! 부모님도 딸의 따귀를 때리지는 않습니다. 어떻게 여학생의 뺨을 때릴 수 있습니까?"

우리 반의 분위기는 순식간에 급속 냉동되었다.

"내가 언제 너 때렸어?"

"저는 못 때리시잖아요."

선생님은 분을 참지 못하면서 어찌할 바를 모르다가 한마디를 남기고 교실을 나가셨다.

"너 두고 봐."

"나중에 보자는 사람 무섭지 않습니다" 하며 선생님의 뒷모습에 대고 소리쳤다. 그 여학생은 착하지만 존재감이 낮은 조용한 학생이었고, 나는 반에서 존재감이 있는 일명 '모범생'이었다. 1년 후 코스모스가 흐드러지게 피어 있는 하굣길에 코스모스를 꺾어 가며 친구들끼리 놀고 있었다. 그때 사회 선생님이 자전거를 타고 가시다가 우리를 보고 '꽃보다 예쁜 아가씨들이 왜 꽃을 꺾고 있을까? 꽃은 꺾지 않고 보는 거야' 하며 지나가셨다. 지금 생각해 보면 그 선생님께 죄송하기도 하고 감사한 마음도 든다. 너 나 할 것 없이 완벽한 사람은 없으니 말이다. 그 뒤로 나는 꽃을 함부로 꺾지 않았다.

내가 고등학교 때의 일이다. 전북 익산(전 이리)에서 학교를 다니다가 주말에 할머니와 엄마가 계시는 정읍에 있는 시골집에 다니러 갔다. 시골에서 혼자 생활하시는 엄마는 야산의 풀을 베기가 힘들어서 일꾼을 구하려고 하는데 쉽게 구할 수 없다고 하셨다. 그래서 억새풀과 번식력이 강한 잡초들을 제거하려고 불을 놓았다. 그런데 건너편에 지나가던 버스 승객이 불이 났다고 경찰서에 신고했다. 경찰이 우리 집에 찾아왔다. 젊은 경찰은 다짜고짜 흉악범 다루듯이 거칠고 오만한 자세로 어머니를 경찰서로 끌고 가려 했다.

"아저씨! 아저씨는 부모님도 안 계세요? 도망 가는 것도 아닌데 자세히 설명하고 모셔가도 되잖아요?" 하고 따져 물었다.

그러자 경찰아저씨는 험상궂은 표정을 하면서 엄포를 놓았다.

"너도 공무집행 방해로 끌려가 봐야겠어?"

"네! 그러세요. 경찰이 시민을 공갈 협박해도 되는 건가요? 그럼 저는 아저씨를 공갈 협박죄로 신고하면 되겠네요."

실랑이하는 동안 동네 어르신들이 우리 집으로 오셨다. 어르신들은 이구동성으로 내 편을 드셨다. 경찰이 자기 부모한테 함부로 하는데 가만히 있는 자녀가 있겠냐며 경찰에게 협박하듯 말하지 말라고 입을 모았다. 그제야 경찰의 자세가 조금 누그러졌다.

"신고가 들어왔으니 같이 동행해서 경위서를 작성해야겠습니다."

어머니는 그와 함께 경찰서에 가셨다. 그런데 한참 뒤 다행히 아무 일 없이 돌아오셨다. 나는 그때부터 한동안 경찰에 대해 그다지 좋지 않은 이미지를 갖게 되었다. 지금도 그때를 떠올리면 씁쓸하다. 진정한 권위는 스스로 세우기보다 주변 사람들이 세워줄 때 더 빛이 난다. 높은 위치에 있더라도 함부로 권력을 남발하지 않을 때 그 권력은 돋보인다. 나는 누군가를 함부로 대하거나 마음을 상하게 하지 않아야겠다고 다짐했고 그렇게 살아가도록 노력하고 있다.

❋ 나의 강점은 무엇일까?

"저는 잘하는 게 아무것도 없어요."

일에 지치거나 무기력하다고 느낄 때, 우울감에 빠지거나 위축되어 있을 때 자신의 장점은 하나도 없는 것처럼 행동하는 사람들이 의외로 많다. 아니, 자신의 강점이 무엇인지도 모른 채 살아가는 사람도 많이 있다. 내가 그분들에게 빠짐없이 질문하는 것이 하나 있다. 다음의 두 가지 삶 중에 어떤 것을 선택할 거냐고 묻는 것이다.

'약점(단점)을 보완하려 애쓸 것인가? 강점(장점)을 발휘하면서 살아갈 것인가?'

자신의 약점보다 강점에 주목해야 한다. 강점을 발휘하면서 살아가는 삶을 선택하면 인생이 달라진다. 약점을 보완하는 것은 타인과 비교하는 데서 시작되지만, 장점과 강점을 발휘하면서 살아가는 것은 자신의 절대적 가치에 집중하기 때문에 스스로 자족하는 삶을 살게 될 확률이 높다.

나는 내가 가진 힘과 에너지를 자신이 보잘것없는 작은 사람들이라고 생각하며 위축되어 있는 사람들에게 돌려주고 싶다. 그 사람만이 가진 장점을 발견해 칭찬하고 격려하며 지지할 때 성장하고 변화가 일어나는 것을 여러 번 보았다.

누구는 공부를 잘하고, 누구는 뜨개질을 잘한다. 또 누구는 음식을 잘하고, 누구는 유머가 넘쳐 주변사람들을 항상 웃게 만든다. 작든 크든 강점을 발휘하면서 사는 사람은 에너지가 넘친다. 약점 때문에 위축되고 소극적인 사람들은 자신을 잃어버리고 산다. 작은 것이라도 괜찮다. 강점을 발휘하면서 살아보자. 어느 순간 낮은 자존감이 회복되는 것을 체험할 것이다. 강점을 발휘하는 작은 경험들이 하나둘 쌓이면 자신감을 찾게 된다. 내가 못하는 것은 잘하는 사람의 도움을 받고 내가 잘하는 것으로 상대방에게 유익을 주면 된다.

한때 나는 대접처럼 큰 그릇인 줄 알았다. 그 대접이 비어 있어 부족하다고 생각했고 위축되었다. 그런데 어느 날 보니 나는 종지만한 사람이었다. 종지만한 사람이라는 확신이 든 순간 내가 나를 보는 관점이 달라졌다. 12첩 반상에 종지가 없으면 완전한 12첩 반상이 될 수 없다. 그릇의 크기 문제가 아니라고 생각하면서 그로 인해 내 삶의 태도는 완전히 바뀌는 계기가 되었다. 조금만 채워도 종지는 차고 넘쳤다. 작고 사소한 일에도 만족지수가 높아졌고, 그 만족은 여유와 관대함으로 표현되었다.

그때부터 나는 작은 것에 만족하며 살아간다. 모든 것을 잘할 수는 없다. 하지만 내가 할 수 있는 것에 만족하고 종지를 채워가는 삶이 정말 좋다. 오늘도 작은 종지에 나만이 가진 강점을 채우며 자족하는 삶을 살아간다.

당신이 그렇다면 그런 거야!

✱ 웃음은 마음의 근육을 키우는 자양분이다

의료진의 도움 없이 스스로 몸과 마음을 치유하는 방법이 있다. 위험 부담을 감수하지 않아도 되고 비용과 시간을 들이지 않아도 된다. 바로 웃음이다. 웃기만 잘해도 몸무게를 줄이고 젊음을 유지하며 통증을 감소시킨다는 연구 결과들이 많다. 영국의 신경과학자 '헬렌 필처' 박사는 1시간 동안 웃을 때 소모되는 열량을 계산했다. 하루 1시간씩만 박장대소하며 웃었을 때 1년이면 5킬로그램을 뺄 수 있다고 밝혔다. 30분 동안 '무게 들기' 운동을 통해 소모되는 열량과 같다.

자주 웃는 것만으로 외상 치료에 도움이 된다는 결과도 있다. 영국의 리즈대학교 '안드레 넬슨' 교수는 2011년, 새로운 연구 결과를 발표했다. 5년간 다리에 종양이 생긴 337명을 치료하면서 웃음이 초음파 치료보다 도움이 되었다는 것을 입증했다.

웃음치료의 아버지라 불리는 노만 커즌스(Norman Cousins)도 1964년 8월 강직성 척추염 진단을 받았다. 미국『토요리뷰』잡지사 편집장인 노만 커즌스는 뼈마디마다 염증이 생기고 손가락도 정상적으로 움직이지 못하는 극심한 고통을 겪어야 했다. 그 당시 강직성 척추염은 500명 중 한 명만이 완치될 정도의 무서운 질병이었다(고통스럽기는 해도 죽음과 직결되는 질환은 아님). 그는 낙담하고 실망하기보다는 500명 중 한 명이 완치된다면 '내가 그 한 명이 되면 되겠네' 하며 100퍼센트 완치된다고 생각했다.

커즌스 박사에게 희망의 메시지를 던져 준 것은 캐나다 의사인 한스 셀리(Hans Selye) 박사가 쓴 『생활의 스트레스』라는 건강 서적이었다. 1963년 스트레스에 대한 논문으로 노벨의학상을 수상한 캐나다의 '한스 셀리' 박사는 스트레스를 '자극'에 대한 반응이라고 정의한다. 사실상 스트레스적인 '상황'은 없고, 스트레스적인 '반응'만 있다는 것이다.

"마음의 즐거움은 양약이라도 심령의 근심은 뼈로 마르게 하느니라"는 성경구절 또한 그를 회복하게 하는 요인이 되었다. 10분쯤 포복절도하듯 웃고 나면 2시간 정도 고통 없이 편안히 수면을 취할 수 있었다. 이로써 6개월 만에 질병이 회복되었다. 그는 1968년『질병의 해부』라는 투병일지를 책으로 출판하여 베스트셀러가 되기도 했다.

그는 건강을 회복함은 물론 UCLA 의과대학 교수까지 역임하면서 강직성 척추염 진단을 받은 후 15년을 더 건강하게 살 수 있

웃음으로 강직성 척추염을 치유한 노먼 커즌스

노먼 커즌스가 웃음의 치유 효과에 대해 관심을 갖게 된 계기가 있다. 그가 53
세 되던 1964년 8월에 러시아를 여행하고 집으로 돌아왔는데 미열이 나고 몸살기
가 돌았다. 일주일이 지나자 목, 팔, 손, 손가락, 다리도 움직일 수 없는 지경에 이
르렀다. 적혈구 침강 속도가 80을 넘었다(감기는 30~40 정도). 몇 주가 지나지 않
아 적혈구 침강 속도가 150을 넘었다. 침대에서 돌아누울 수조차 없었다. 그의 병
명은 콜라젠 질환과 강직성 척추염이었다. 척수의 결합조직이 붕괴되는 병으로 당
시 의학기술로서는 어찌 처방할 방도가 없어서 독한 항생제와 진통제로 하루하루
를 버티고 있을 뿐이었다.

그는 불치병을 이겨내기 위해 연구하던 중 '내분비계, 특히 부신의 완전한 기능
회복이 중증 관절염과 싸우는 데 필요한 조건'이라는 것을 알았다. 그는 한스 셀
리의 『생활의 스트레스』라는 책을 통해 사랑, 희망, 믿음, 웃음 등의 긍정적인 정서
가 치료에 좋은 역할을 할 수 있을 것이라는 정보를 얻었다. 당시 하루에 아스피
린 26알과 페닐부타존 12알을 복용하던 그는 그 약물이 부신의 기능 회복에 부작
용이 있다는 것을 알고 단호히 끊었다.

그리고 우선 웃기는 영화를 보기로 했다. 엉뚱한 사람을 속이고 당황하게 만드
는 '몰래 카메라'의 프로듀서 알렌 펀트가 자신의 대표작에서 선별한 필름과 영사
기를 보내줬다고 한다. 그는 영화를 보면서 10분 동안 한바탕 실컷 웃고 나자 적어
도 2시간은 아픔을 느끼지 않고 잠들 수 있었다. 웃음의 진통 효과가 없어질 때쯤
되면 다시 영사기를 돌렸다.

뿐만 아니라 간호사가 여기저기서 모아 온 유머 책을 읽어 주었다. 그 가운데서
특히 E. B. & 케서린 화이트의 『미국의 유머 금고』와 막스 이스트맨의 『웃음의 즐
거움』이라는 책이 특히 좋았다고 한다. 유쾌한 이야기를 듣기 직전과 듣고 몇 시간
이 지난 후의 적혈구 침강 속도를 측정해 보니 적어도 5포인트가 낮아졌다. 이를
통해 희망을 가진 노먼 커즌스는 웃음의 치유력을 확신하고 마음껏 웃기 위해서
아예 퇴원하여 호텔방에 들어가 느긋하게 웃고 즐겼다. 이런 방법으로 8주가 지나
자 손가락 하나를 움직일 수 있게 되었고, 몇 개월이 지나자 목을 조금 돌릴 수 있
었다. 그리고 마침내 콜라젠 질환과 강직성 척추염이라는 불치의 병을 완전히 극
복할 수 있었다.

었다. 웃음은 그를 살리는 훌륭한 치유법이 된 것이다. 웃음이 스트레스를 해소하고 건강한 생리작용을 촉진한다는 것은 널리 알려진 사실이다.

웃음은 과도한 스트레스를 해소해서 몸과 마음이 균형을 회복할 수 있도록 하나님께서 주신 선물이라고 생각한다. 어린아이들은 하루에 평균 삼백 번 이상 웃는 데 비해 어른들은 여섯 번 웃는다고 한다. 웃음은 유효기간이 없는 최고의 약이다. 다른 동물에 비해서 인간만이 가장 호탕하게 웃을 수 있음을 쉽게 관찰할 수 있다. 웃을 수 있는 능력은 이미 우리 안에 잠재되어 있다. 문제는 그것을 사장시키지 말고 자꾸 개발하여 건강한 삶을 유지하기 위한 방법으로 활용하는 것이다.

한편 노먼 커슨이 영화만 본 것이 아니라 재미있는 이야기가 담긴 책을 읽었다는 데서 독서치료와 웃음치료의 접촉점을 찾을 수 있다. 나도 재미있는 이야기를 열심히 모으는 편이다. 그 가운데 오래 기억에 남아 있는 벙어리 만화가 있는데, 독일인 저자 E.Q. 플라우엔이 지은 『아버지와 아들』(규장, 1987)이다. 아버지와 아들, 그리고 가족을 소재로 한 작품인데 정말 많이 웃었던 기억이 난다. 안타깝게도 이 책은 현재는 절판되었다. 이런 작품이 많이 나온다면 정신건강을 위해서 책이 더 많은 기여를 할 수 있을 것이다.

유니버시티 런던칼리지 연구팀은 최근 진행한 연구에서 사람들이 행복하고 명랑하게 지내면 조기 사망률을 35퍼센트까지 낮출 수 있다는 결과를 내놓았다. 또한 노벨경제학상 수상자인 '다니엘 카네만'은 그날 재미있는 일이 많은 사람일수록 행복하다고 했다. 독일 베를린에 있는 막스플랑크연구소는 "웃는 얼굴로 행복한 기분을 보여 주는 사람들은 근엄한 얼굴의 동년배보다 훨씬 매력적이고 3년은 젊게 보인다"고 발표했다. 영화배우인 짐 캐리는 "인생의 절벽에 있을 때 처음에는 억지로 웃었다. 웃다 보니 저절로 웃음이 나왔고, 웃다 보니 새로운 인생이 찾아왔다"고 말했다.

행복해서 웃는 것이 아니라 웃어서 행복하다는 말에 공감한다. 웃음은 깊은 내면의 뿌리인 마음의 근육을 튼튼하게 하도록 돕는 자양분이 되기도 한다. 유머는 분위기를 변화시키는 놀라운 위력을 발휘한다. 유머 덕분에 웃음이 끊이지 않는다. 작은 기쁨들이 웃음으로 표현되고 승화되어 매순간 만족하며 행복감을 주는 것이다. 유머가 나의 제2의 천성이 될 때까지 습관을 만드는 것은 어떨까? 나도 살리고 너도 살리는 웃음, 박장대소하며 '하하하' 온몸으로 마음껏 웃어 보자.

✳ 뿌리 깊은 삶은 흔들리지 않는다

무신불립(無信不立)이란 신뢰를 잃으면 존립이 불가능하다는 뜻이다. 진짜 신뢰한다는 것은 '팥으로 메주를 쑨다'고 해도 믿어 주는 것이다. 그가 그렇게 말할 때는 분명 이유가 있을 것이라는 생각으로 기다리고 믿어 주는 것이 진정한 신뢰다. 철석같이 상대를 믿었는데 배신감을 느낀 적이 있는가? '널 믿었는데 어떻게 그럴 수 있느냐'며 울부짖어본 적이 있는가?

'맹목적인 믿음을 진짜 믿음이라고 착각한 것은 아닐까? 진짜 믿음과 가짜 믿음을 분별 못한 내 책임은 없을까? 내가 보고 싶은 것만 보면서 그것을 신뢰한다고 착각한 것은 아닐까? 분별력 없음에서 그 원인을 찾기보다 믿음을 주지 못한 상대 탓만 하고 있는 것은 아닐까?'

나는 사람들을 믿은 결과로 너무나 억울하고 죽을 것 같은 고통에 휩싸여 모든 것을 놓고 싶은 적도 있었다. 그런데 아이러니하게도 그러한 고통들이 진짜 믿음과 가짜 믿음을 분별하게 만들어 주었다. 그가 그런 사람인 줄 몰랐던 내 문제가 더 크다고 생각했기 때문이다. 믿음은 단지 언어로 존재하는 것이 아니다. 살아 움직이는 생물이다.

리더십 교육이나 감성교육을 할 때면 사람이 주인공이다 보니 사람에 대해 얼마나 믿고 있느냐를 두고 체험하는 시간에 블라인드 실험을 한다. 강의 중에 둘씩 짝을 지어 '블라인드 체험'을 해보면 '신뢰한다'는 말을 쉽게 할 수 없다는 것을 깨닫게 된다. 임시로 짝을 지어 주고 "상대방을 믿을 수 있다고 생각하느냐"고 물으면 대부분 큰소리로 '예' 하고 대답한다. 마주 보고 있던 두 사람 중 한 사람을 짝 뒤로 이동 후 자신의 짝 뒤로 넘어질 때 안전하게 받아줄 준비를 시킨다. 분명 자신을 위해 만반의 준비를 하고 있는 것을 눈으로 확인하고도 "짝을 믿고 뒤로 넘어지라"고 하면 다수의 사람들은 넘어지지 않는다.

상대방을 믿는다면서 왜 뒤로 넘어지지 못할까? 신뢰한다는 말은 하기 쉽지만 몸으로 표현되는 신뢰는 어설프기 짝이 없다. 많은 사람들이 "나 믿지? 나만 믿어" 하며 호언장담하는 것을 자주 본다. 그런데 왠지 "나 너 믿어"라는 말이 공허하게 들린다.

어느 날, 길을 걷고 있는데 어르신 세 분이 모여 이야기를 나누고 있었다. 그 옆을 지나치던 나는 내 귀를 의심했다. 한 분이 "요즈음은 지갑을 주워서 경찰에 신고를 해도 죄를 뒤집어 쓸 수 있으니 조심해야 하네"라고 하자 "요즘 CCTV가 많아서 내가 지갑을 주운 줄 알 텐데 그게 무슨 소리냐?"며 다른 한 분이 되물었다. 그러자 "돈을 잃어버린 사람이 자신의 지갑에 실제 있는 돈보다 많았다고 주장하면 지갑을 주워 신고한 사람이 도리어 절도용의자로 몰릴 수 있다"고 말했다.

그 부분까지 듣고 이후의 대화는 들을 수 없었지만, 돌아오는 내내 가슴이 답답했다. 사기꾼은 모든 사람이 사기꾼이라고 생각한다는 말이 있는데 어쩌다가 우리 사회의 신뢰 수준이 이 지경까지 되었을까?

가끔 지하 주차장에서 우리 집에 온 손님이 벨을 누르면 지하 주차장 문을 열어주고, 환영하는 마음으로 아파트 현관문을 열어 놓을 때가 있다. "어떤 일이 벌어질지 모르는데 현관문을 활짝 열어놓고 있느냐? 그 사이 나쁜 사람이 들어오면 큰일이다. 현관에서 다시 초인종을 누를 때까지 절대 문을 열어놓지 말라"고 신신당부하는 사람들이 있다.

그분 말씀은 분명 나를 위해서 한 말인데 듣는 나는 왜 가슴이 답답할까? 타인을 탓하고 세월을 탓한다고 해결될 문제가 아니다. 조금은 더디게 가더라도 나부터 믿을 만한 사람이 되도록 노력해야 한다. "너라면 믿을 수 있어"라는 말을 듣게 될 때까지 나 자신을 먼저 신뢰하도록 노력한다.

신뢰하지 않으면 세상이 참으로 삭막해진다. 교통사고 날까 봐 자동차를 운전할 수 없다면, 버스 운전기사나 택시기사를 믿을 수 없어 탑승할 수 없다면, 안전한 먹을거리를 사용하지 않았을 거라는 생각에 식당을 마음 놓고 이용할 수 없다면…. 이런 불신은 최소한 나도 내 자신을 믿을 수 없기 때문이 아닐까?

오늘도 하늘이 무너지지 않으리라는 믿음으로 외출한다. 엘리베이터가 고장이나 사고가 나지 않으리라는 믿음으로 이용한다. 세상에는 법을 지키지 않고 양심을 속이는 사람도 많다. 하지만 여전히 질서를 지키고 법을 수호하며 자신의 양심을 지키는 사람들이 많다는 것을 믿는다.

❋ 계속되는 거짓말은 언젠가 끝난다

초행길을 운전해서 갈 경우 내비게이션 안내를 따라 모든 감각을 총동원해서 주변을 신경 쓰며 목적지를 향해 간다. 두 번째 그 길을 가게 되면 나도 모르게 한 번 다녀왔다는 이유만으로 처음보다 여유롭게 준비하고 편안한 마음으로 간다. 그런데 초행길에 실수하면 다음에 갈 때 나도 모르게 긴장하고, 그러다 보면 또 다른 실수를 하게 된다. 실수하지 않고 성장하는 사람은 아무도 없다. 누구나 처음 경험하는 일을 자연스럽고 완벽하게 처리하거나 이해한다는 것은 쉽지 않다. 그래서 실수하면서 성장하며 발전하고 변화하게 된다.

하지만 동일한 일을 반복해서 실수한다면 실수라기보다 부주의한 것이다. 그 일에 몰입하지 않고 건성으로 한 것이다. 잘못된 행동을 무의식적으로 계속한다면 그 행동을 하기 전에 스스로 복식호흡을 하거나 자신만의 제어장치를 작동할 필요가 있다. '내가 일부러 그런 것도 아니고 실수로 그런 건데' 하면서 타인에게 관용을 지속적으로 기대해서도 안 된다. 자신의 그런 행동을 너그럽게 받아주지 않았다고 기분 나빠하거나 무기력해질 필요도 없다.

이와 관련해 내가 경험한 일이 하나 있다. 10년 넘게 알고 지낸 40대 중반의 여성이 있었다. 그녀는 가정사와 관련된 자신의 아픔을 진솔하게 이야기하면서 다가와 나와 친밀한 관계를 맺게 되었다. 나는 그녀가 이야기하는 모든 것을 그대로 믿었다. 그런데 주변의 평가는 내가 알던 그녀와 달랐다. 거짓말을 쉽게 하고 성실하지 못하다는 것이었다. "그 친구 그런 사람 아니야. 네가 눈으로 확인한 일이 아니면 믿지 마"라고 하면서 나는 그녀를 두둔했다.

그녀는 그 소문을 듣고도 "진실은 언젠가 밝혀진다"며 대수롭지 않게 말했다. 얼마나 마음이 넓고 이해심이 많으면 자신이 부적절한 관계의 주인공이라는 이야기들을 듣고도 해명하려 하지 않을까 싶어 놀랐다. 그런데 그 여성에게는 매우 치명적인, 입에 담기 거북한 소문이 자꾸 떠돌아 안타까운 마음으로 그녀에게 말했다.

"네가 가만히 있으니까 사람들은 그걸 사실이라고 믿잖아. 아니면 아니라고 변명하고 그런 말을 한 사람을 찾아 혼을 내주라"
며 다그치기도 했다. 그러나 그녀는 "별일 아니라며 사실이 아닌
데 굳이 나서서 그럴 거 없다"고 일축하거나 대수롭지 않게 대응
하곤 했다. 다시 한 번 그녀의 대범함에 놀랐다. 오히려 일희일비
하는 내가 초라하고 작아 보이기까지 했다

'사실이 아니니까 저렇게 담대하고 의연하겠지!' 나는 그렇게 생
각했다. 그런데 그 후 그녀의 말이 거짓임이 드러났다. 그녀는 남
녀 간의 부적절한 관계를 한 적이 없고 내가 잘못 들은 거라고 했
다. 그동안 그녀에 관해 수없이 많은 말을 들었으나 본인이 아니라
고 하고 그 상황을 내가 직접 목격한 것도 아니기 때문에 그녀 말
만 믿었다. 하지만 나와 연관된 일로 직접 경험하고 나서 확인해
보니 그녀의 거짓말은 상상할 수 없을 정도로 많았다. '내가 믿고
싶은 것만 믿었던 것은 아닐까?' 하는 생각이 들었다. 주변에서 그
토록 나쁜 사람이라며 말해도 직접 본 것이 아니면 험담하지 말
라고 했던 내가 어리석어 보였다.

그녀는 거짓말을 아무렇지도 않게 하고 나중에 그 거짓말이
들통 나면 자신은 그런 적이 없다며 "상대방이 잘못 들었겠지" 하
고 변명했다. 씁쓸했다. 마음의 거리낌이 없이 행동하는 그녀를 처
음에는 이해할 수 없었다. 하지만 나중에야 '그녀의 진짜 모습이
이런 거구나' 싶었다. 그녀가 처음부터 그랬을까? 거짓말에 속아
주는 사람들이 분별력을 가지고 명확히 판단해 주었더라면 어찌
되었을까? 그녀를 보면서 한두 번 거짓말로 시작된 것이 이제는
진실과 거짓의 경계가 무너져 버린 것은 아닌지 안타까웠다.

나는 한동안 혼란스러웠다. 그녀가 자신의 진짜 모습에 눈을 감고 있는 한 그녀를 위해 할 수 있는 일은 없었다. 아니, 하고 싶지도 않았다. 결국 그녀를 내 인생에서 제외시켰다. 그녀와 함께했던 오랜 시간 동안 '나는 순도 100퍼센트로 대했으니 그것으로 만족하자'라고 결론을 내렸다. 가끔은 내가 사람을 믿는다는 것에 대한 의구심도 든다. 이제 같은 실수를 두 번, 세 번 하지 않도록 주의를 기울여야겠다.

✳ '꿩' 같은 사람

그 사람은 정말 눈빛이 맑았다. 어쩌면 그렇게 순수하게 생겼을까? 그런데 주변 사람들 여럿이 그 사람에게 감쪽같이 속았다고 말했다. 다수의 사람들이 그를 순박한 사람으로 보았다. 그 사람은 처음에 신임을 얻었다. 그런데 입만 열면 돈 이야기를 한다는 것이었다. 사람 관계에서 물질이 개입되면 그때부터는 변질될 확률이 높아진다.

그는 불과 몇 개월 만에 사기꾼으로 들통 났다. 지금은 교도소에 수감되어 있다. 그는 마음의 감옥에서 평생을 살 텐데 몸만 갇히지 않으면 된다고 생각하고 사기를 친 것은 아닐까. 그 사람은 하늘도 속일 수 있다고 생각한 것 같다. 나는 이 세상에서 사람이 가장 무섭다. 사람 때문에 가슴이 무너지는 경험을 여러 번 겪고 나니 이제는 인간은 믿을 만한 존재는 아니라는 생각이 들었다.

그럼에도 불구하고 사람만이 희망이다.

꿩을 사냥을 해본 적이 있는가? 꿩은 사람들에게 쫓기게 되면 엉덩이를 쑥 빼고 머리만 숨긴다. 사냥꾼이 가서 꿩의 날개를 잡고 돌아오기만 하면 꿩 사냥은 성공이다. 어린아이가 엄마와 숨바꼭질할 때 아이는 유리 뒤에 숨는다. 누가 봐도 다 보이는 상황인데도 엄마는 보이지 않는 것처럼 '어디 있지?' 하며 찾아다니다가 '여기 있네' 하면 아이는 깔깔거리며 만족해한다. 아이는 자신이 안 보이도록 잘 숨어서 엄마가 자기를 못 찾아 헤맨 것이라고 착각하며 기뻐한다. 어린아이는 자신이 잘 숨었다고 생각하는 것이다.

어느 날, 여섯 살바기 조카가 우리 집에 놀러왔다. 주머니에 장난감을 넣어 불룩하게 튀어나와 있었다.

"지우! 장난감 가지고 왔구나?"

조카는 깜짝 놀라 두 눈을 동그랗게 뜨면서 물었다.

"고모, 어떻게 알았어요?"

웃음이 저절로 터져 나왔다. 지금도 조카 얼굴을 떠올릴 때면 그때 그 모습이 생각나서 웃곤 한다. '혹시 내가 머리만 숨긴 꿩 같지는 않은지? 유리 너머 숨어 있는 어린아이 같지는 않은지? 주머니에 볼록하게 튀어나온 장난감이 보이는데 어떻게 알았느냐고 하는 조카 같지는 않은지?'

어린아이의 이런 순박함은 웃음을 자아내지만, 어른들의 빤히 보이는 속임수를 보면 쓸쓸하다. 그 사람이 사람을 속인 것이 아니라 '내가 속아 준 것은 아닐까?' 반성해 본다. 그 사람의 맑은 눈빛이 진짜가 아닐 수 있다는 것을 안 순간, 사람을 속이기로 작정한 사람은 얼마든지 사람을 속일 수 있다는 것에 새롭게 눈을 떴다.

✹ 원칙을 지키는 사람이 융통성 없다고?

원리 원칙을 잘 지키는 미국 운전기사의 '기본 지키기'에 대한 이야기를 들은 적이 있다. '운전기사는 버스가 운행하기 전 차고지에서 규정집을 들고 방향지시등, 정지등, 전조등이 제대로 작동하는지 점검한다. 그리고 타이어 공기압 상태, 타이어 마모 상태, 브레이크 상태를 체크하면서 점검하는데, 하루에 몇 회를 운행하든 매일 동일한 점검을 운행 횟수만큼 한다. 만약에 점검을 제대로 하지 않는 운전기사가 적발되면 해고할 수 있다.' 그렇게 하는 이유는 도로 위에 있는 기사, 승객, 그리고 모든 사람들이 위험해질 수도 있기 때문이라고 한다.

나는 어린 시절 엄마에게 소리쳤다.
"엄마, 엄마는 새엄마죠?"
뜬금없는 질문에 엄마는 고개를 들어 무슨 말이냐는 듯이 나를 빤히 쳐다보셨다.
"왜 공부하라고 안 해요? 다른 엄마들은 공부하라고 하던데?"
엄마는 나에게 "학생이 해야 되는 일이 뭐지?"라고 되물으셨다.
"음, 공부요."

"그래! 학생이 당연히 해야 하는 일이 공부인데, 그걸 하라고 해야 한다는 게 말이 된다고 생각하니?"

나는 그 자리에서 한참 생각했지만 답을 하지 못했다.

"아무도 나에게 부모 노릇하라고 말한 사람은 없었어. 내가 부모니까 당연히 해야 하는 일이니까 부모 노릇을 하려고 노력하는 거야. 부모는 자녀를 돌보고 교육시키는 일을 당연히 해야 되는 거야. 학생은 공부하는 것이 당연하지. 그런데 당연한 일을 하라고 해야 한다면 문제가 있다고 생각하지 않니?"

그 말을 듣고 "그러네요" 하고 난 뒤 나는 더 이상 뭐라고 대꾸할 수가 없었다. 그 일이 있고 난 후 나는 내가 당연히 해야 하는 일을 찾아서 하려고 노력하고 있다.

어느 날, 친구들과 횡단보도를 건너기 위해 기다리고 서 있는데 갑자기 친구들이 건너가기 시작했다. 편도 1차선이고 진행하는 차도 없고 한산한 골목에 맞닿아 있는 도로였다. 나는 친구들에게 '빨간 신호등이야' 하고 소리쳤다. 친구들은 건너지 않고 서 있는 나를 보고 너무 답답하다고 한숨을 쉬면서 융통성이 없다고 했다.

횡단보도가 있고 신호등이 있으면 신호를 지켜야지 차가 없다고 해서 그냥 건넌다는 것은 내 사고방식으로 이해할 수 없었다. 나는 한참 기다렸다가 파란 신호등이 바뀐 뒤 건너갔다. 그 후 친구들은 나를 보고 '융통성 없는 사람'이라고 했다.

우리 사회에는 곳곳에 편법이 만연해 있다. 운전하다 보면 끼어들기 하는 차 중에 깜빡이를 켜지 않은 채 무조건 밀고 들어오는 차로 인해 당황할 때가 많다. 왜 이렇게 당연히 해야 하는 의무들을 하찮게 여기는 것일까? 뭐 그렇게 작은 일로 호들갑이냐고 묻는다면 "작은 일도 제대로 하지 못하는 사람에게 어떻게 크고 중요한 일을 맡길 수 있겠느냐"고 말하고 싶다. 진정 큰일을 하고 싶으면 작은 일부터 책임감을 가지고 실천해야 한다. 당연히 해야 하는 일조차 못한다면 누구를 탓할 자격이 있겠는가? 권리를 주장하기 전에 의무를 먼저 실행하는 것이 기본이리라.

✳ 행동으로 자신의 존재를 증명하라!

2012년 2월에 대학을 졸업한 이민호 씨는 취업을 하기 위해 취업원서를 네 번이나 냈으나 줄줄이 낙방했다. 이민호 씨는 취업을 위해 애쓰는 시간을 잠시 접어두고, 약 1,500여 곳의 버스정류장을 찾아다니며 차가 진행하는 방향에 화살표를 붙이기 시작했다. 진행 방향 표시가 없는 버스정류장 노선표에 불편함을 느낀 그는 직접 화살표를 붙이기 시작한 것이다. 어떤 날은 하루 15시간 동안 버스정류장을 자전거로 찾아다니며 화살표를 붙였다고 한다. 그 공로를 인정받아 서울시에서 주는 표창을 받았다. 한 개인이 사회에 얼마나 필요한 존재인지 그가 직접 실천한 것이다.

화살표 청년이라는 별명을 갖게 된 이민호 씨는 이렇게 말했다.

"누군가 해주길 바라고만 있으니 이뤄지지 않더라고요. 노선도를 봐도 방향 표시가 안 돼 있어서 잘 모르는 경우도 있고, 버스를 역방향으로 잘못 타서 내리는 경우도 있죠. 저도 그런 불편한 마음을 갖고만 있다가 민원을 넣어봤는데 한 정류장, 한 노선에 대한 업무 처리가 28일이 걸렸어요. '이러면 안 되겠다' 싶었어요. 내가 하면 10초밖에 안 걸리는 일이 28일이나 걸리니까 답답해서 누구라도 쉽게 할 수 있는 부분이라 직접 하게 됐어요. 자전거를 타고 다니면서 버스 노선에서 방향 표시가 없는 곳에 화살표 스티커를 붙였죠.

이민호라는 한 사람의 행동으로 인해 민원을 제기해서 답을 받을 때까지 28일 정도 걸리던 것이 일주일로 단축되었다. 그리고 결국 서울시의 조례가 개정되고 신설되는 데 주춧돌이 되었다. 그는 사회 공헌 분야의 노력을 인정받아 현재 현대자동차에 입사해 복지지원팀에 근무하고 있다.

이 사회에 필요한 곳에서 발로 뛰며 봉사하여 자신의 존재를 증명한 그는 결국 취업까지 하게 되었다. 그는 "자신은 화살표밖에 붙이지 못했지만 작은 실천부터 시작하면 기업이 할 수 있는 일이 많을 거다"라며 회사에 대한 기대를 밝혔다.

백문불여일견(百聞不如一見), 백견불여일행(百見不如一行)이라고 했다. 레몬을 생각하는 순간 입안에 침이 고이고, 눈을 찡긋하며 온몸으로 신맛을 느낀다. 그때 뇌는 먹지도 않은 레몬을 먹은 것으로 착각한다. 이처럼 우리는 생각에 머물러 있으면서 행동한 것으로 착각할 때가 있다.

말로 하는 것은 누구든 할 수 있다. 행동이 따르지 않으면 그것은 공허한 외침일 뿐이다. 당신의 역량과 가치는 행동으로 증명된다. 행동하기 전에 생각하여 분별력을 높이는 것도 중요하다. '구슬이 서 말이라도 꿰어야 보배'라는 속담이 있다. 천릿길도 한 걸음부터 시작하는 것처럼 생각을 행동으로 옮기는 것도 작은 실천의 시작이다.

아주 쉬워 보이는 숟가락질도 최소 2,000번 이상의 미숙한 행동을 거듭했기에 지금처럼 숟가락질을 쉽게 할 수 있게 되었다. '작심삼일'이라면 3일마다 계속 작심삼일하면 평생 잘할 수 있다. 우리 몸은 항상성이 있다. 자신을 최상의 상태로 지속적으로 유지하려는 특성을 말한다. 생명이 있는 존재들은 대부분 항상성이 끊임없이 일어난다. 이 항상성이 무너지면 생명 유지가 힘들어진다.

운동하는 것의 가장 큰 걸림돌은 신발을 신고 현관문을 나서는 것이다. 나도 늘 '운동해야지'라고 말은 하면서도 실천을 잘하지 못한다. 운동의 필요성을 절실히 느끼던 어느 날, 나는 마음을 단단히 먹고 결단을 내렸다. 평소에 알고 지내던 감독님의 마라톤 클럽에 가입해서 운동을 시작한 것이다. 60명의 회원을 레벨별로 테스트해서 반을 배정하는데 나는 59등을 했다. 60등은 예순 살이 넘으신 여자 분이었다.

그동안 조금 운동하다가 효과가 있으면 다시 멈추고, 다시 통증이 오면 운동하곤 했던 행동 패턴에 변화가 왔다. 운동하러 가기까지 수만 번도 더 갈등을 한다. 갈까? 말까? 고민하다 억지로 끌려가는 소만큼 힘겹게 운동장에 도착하면 언제 그런 고민을 했는지 생각이 나지 않을 정도로 운동에 몰입한다. 행동으로 표현되지 않으면 생각이 바뀐 것이 아니다. 행동하지 않는 생각은 거짓이다. 내가 나의 뇌를 속이는 것이다. 지금의 당신 모습은 당신이 행동한 만큼의 결과물이다. 만약에 에디슨이 전구를 발명하기 위해 9,999번의 실험하는 행동이 없었다면 10,000번째 성공한 전구를 발명하지 못했을 것이다.

3

당신이 있어 아름다운 세상이야!

★ "당신을 축복합니다"

우리가 가진 지식의 유효기간은 얼마나 될까? 20-30년 전만 해도 대학을 졸업하면 그 지식으로 일생 동안 살아가는 데 큰 지장이 없었다. 그러나 지식과 정보의 수명이 점점 짧아지고 있다.

미래학자 앨빈 토플러(Alvin Toffler)는 정보화와 지식을 기반으로 하는 현대사회는 지식의 양이 폭발적으로 증가하고 지식의 수명과 변화 주기가 매우 짧은 것이 특징이라고 했다. 2006년에 출간된 그의 책 『부의 미래』에서는 '6개월 전의 지식 정보도 과거의 지식 정보'로 밀려나고, 2020년에 가서는 73일을 주기로 이러한 지식정보가 2배씩 증가할 것이며, 2050년에는 지금 지식의 1퍼센트만이 유용한 지식이 될 것이라고 관측했다.

미래학자 다니엘 핑크(Daniel H. Pink)는 2012년 3월 『새로운 미래가 온다』(A Whole New Mind)는 저서를 통해 정보화 시대를 뛰어넘는 하이컨셉트(high-concept), 하이터치(high-touch) 시대가 올 것이라고 예측했다. 성공하기 위해서는 '다른 사람과의 교감능력 또는 다른 사람의 감정을 움직일 수 있는 능력인 '하이터치'와 예술적, 감성적 아름다움을 감지하거나 끌어내는 능력 즉, 창의성과 독창성에 기반을 둔 새로운 아이디어의 창출과 실현 능력인 '하이컨셉트' 시대가 온다는 것이다.

또한 덴마크의 미래학자 롤프 옌센(Rolf Jensen)은 정보화 사회, 지식기반 사회 다음에 '드림 소사이어티'(Dream Society), 즉 꿈의 사회가 올 것이라고 예견했다. 드림 소사이어티란 기업과 지역사회, 개인이 데이터나 정보가 아니라 이야기를 바탕으로 성공하는 새로운 사회다. 세 가지 핵심 단어는 '꿈, 감성, 이야기' 즉, 스펙보다는 스토리가 중시되는 사회라는 것이다

이렇게 급변하는 시대에 새로운 지식이 내 인생에 엄청난 변화를 가져올 것 같아도 실상은 그렇지 않다. 어떤 사람은 권력으로, 어떤 사람은 지식과 재능으로 이 세상에 큰 획을 긋는다. 하지만 대부분 자기 자신의 삶을 변화시키기에도 무기력한 경우가 많다. 세상을 획기적으로 변화시킬 수 있는 일은 그리 많지 않다. 우리가 세상을 바꾸지는 못하지만, 자신과 주변 사람들을 위해 할 수 있는 일이 있다. 그것이 바로 한 생명의 미래를 위해 축복해 주는 것이다.

'말 한마디로 천 냥의 빚을 갚는다'는 속담처럼 말의 위력은 크다. 우리는 무심코 타인의 이야기를 많이 한다. 칭찬과 축복의 말

보다는 흉을 보거나 부정적인 낙인을 찍는 말들을 더 많이 한다. 말 한마디가 힘든 사람에게 '소망'을 줄 수도 있지만, 큰 상처를 주기도 한다. 누가 무심코 한 말에 상처를 받았다고 하면 '그냥 별 뜻 없이 한 말을 가지고 충격을 받는단 말이야. 그렇게 속이 좁아?' 하면서 도리어 화를 내는 사람도 있다.

내가 만나는 사람들에게 언제든지 축복의 말을 할 수 있도록 준비하고 연습해 보자. 다른 사람을 축복하는 것이 좋은 습관으로 자리 잡는다면 생명을 살리는 일들이 일어나고 더불어 행복한 삶을 영위하게 될 것이다. 한 번에 변할 수는 없다. 날마다 아주 조금씩 변화해도 괜찮다. 내 앞의 누군가를 향해 축복의 마음을 담아 서툴게라도 소리를 내어 입 밖으로 표현하자. "당신을 축복합니다."

✹ 온 마음을 다해 안아 주기

신생아가 태어났을 때 1시간을 황금시간이라 부른다. 1983년 콜롬비아의 한 병원에서 캥거루 케어가 시작되었다. 아이를 출산한 산모가 자신의 아기가 생존 가능성이 없다는 이야기를 들었다. 산모는 자신의 맨 가슴에 아이를 안고 작별인사를 했다. 그런데 놀랍게도 죽어가던 아이가 살아났다. 캥거루 케어를 통해 고통을 줄여 주고 안정감을 준다는 양육방법이 지금은 전세계에서 활용되고 있다.

캥거루 케어

캥거루는 30~40일 만에 새끼를 낳는다. 막 태어난 새끼의 키는 2.5센티미터 몸무게는 1그램. 미숙아로 태어나 어미의 주머니 속에서 젖을 먹으면서 4킬로그램이 될 때까지 4~5개월간 육아낭 속에서 자란 뒤 밖으로 나와 독립적인 생활을 하게 된다. 캥거루처럼 미숙아를 24시간 동안 가슴에 품고 접촉하면서 키우는 것을 캥거루 케어라고 부른다. 갓 태어난 미숙아는 엄마나 아빠의 가슴에 안김으로 피부 접촉을 통해 부모의 따뜻한 체온을 느끼며 심장박동 소리도 들을 수 있다.

이 방법은 1983년 콜롬비아 보고타의 한 병원에서 헥토르 마르티네즈 박사에 의해 시작되었다. 인큐베이터 부족으로 미숙아 사망률이 70퍼센트에 이르던 병원에서 캥거루 양육처럼 엄마가 아기와 서로 피부를 맞대고 가슴에 안음으로써 미숙아의 사망률을 30퍼센트로 줄일 수 있었다. 현재 콜롬비아에서는 미숙아뿐만 아니라 만삭아에게도 캥거루 케어가 보편화되어 있다. 피부 접촉으로 아기를 키우는 것이 인큐베이터에서만 키우는 것보다 낫다고 믿기 때문이다.

콜롬비아에서 시작된 캥거루 케어는 유니세프를 통해 미국, 유럽, 남미 등 25개국에서 시행되고 있다. 일본은 1990년대 중반에 캥거루 케어를 도입했고, 미국에서는 이미 미숙아 병동의 84퍼센트가 캥거루 케어를 시행하고 있다. 미숙아뿐만 아니라 전 신생아들에게 출산 직후 캥거루 케어를 할 것을 권장하고 있다. 캥거루 케어에서 가장 중요한 것은 부모와 아기의 피부 접촉인데 이때 분비되는 옥시토신은 뇌간으로 가서 아기의 뇌를 스트레스 받는 전

투적인 상태가 아니라 안정적이고 편안한 상태로 만들어 준다. 캥거루 케어 중에 나오는 옥시토신이 면역력을 향상시키고, 엄마 가슴에 있는 건강한 산재균이 오히려 병원균을 차단시키기 때문에 아기가 건강하게 자랄 수 있게 된다.

옥시토신(Oxytocin)이라는 호르몬은 사랑의 묘약이라 한다. 피부와 피부가 닿으면 친밀감을 느끼고 신뢰감이 증대된다는 연구 결과도 있다. 우리 사회는 남녀가 유별해 스킨십을 자연스럽게 받아들이지 못한다. 가장 쉽게 할 수 있는 스킨십이 안아 줌이다. 온 마음을 다해 두 팔을 넓게 펴서 상대방을 안아 주고 격려하면 된다. 놀랍게도 온몸이 따뜻하고 편안하며 기쁨이 넘치는 경험을 하게 된다.

누군가 만나면 안아 주고, 헤어질 때 안아 주는 습관을 통해 끊어진 마음의 다리가 연결되는 듯한 체험을 하게 된다. 얼마 전 이혼한 한 후배를 만났다. 아이를 못 보는 안타까운 마음을 표현하며 하염없이 울었다. 그녀는 아이를 보고 싶은 마음과 부모의 책임을 다하지 못했다는 죄책감으로 삶이 피폐해지고 있었다. 어떠한 말로 그녀를 위로할 것인가? 나는 아무것도 할 수 없었다. 다만 마음속에 쌓아둔 슬픔을 마음껏 토해내고 회복되길 기도하며 기다릴 뿐….

한참을 울고 있는 그녀에게 다가가 따뜻하게 안아 주며 머리를 쓰다듬고 등을 다독여 주었다. 그녀는 서럽게 꺼이꺼이 울더니 나를 힘껏 안았다. 정신을 차리고 열심히 살아야 나중에 아이 앞에

떳떳한 엄마로 다시 설 수 있겠다며 마음을 다잡았다. 안아 줌은 백 마디 말보다 더 위력이 있다.

이것을 습관화할 수 있으면 좋겠다. 지금 당신 앞에 누가 있는가? 두 팔을 뻗어 온 마음으로 안아 주자. 따뜻한 눈빛과 밝은 미소로 양팔을 넓게 펴고 걸어가 그를 한껏 안아 주고 어깨를 두드리며 격려해 주면 어떨까? 머리끝에서 발끝까지 짜릿한 에너지가 공급되고 순환되는 것을 느끼며 충만해질 것이다. 이 에너지를 가득 안고 다시 삶의 현장으로 돌아가서 하루를 살아가고, 한 달, 1년, 10년, 20년을 살아가면서 역사를 만들어 보자.

전세계 장수촌을 조사했더니 세 가지의 공통점이 발견되었다. 첫째는 조상들로부터 장수 유전자를 타고 났다. 둘째는 주변의 환경이 장수 조건에 맞았다. 셋째는 좋은 생활습관을 가지고 있었다(스트레스가 낮고, 소식하고, 잘 웃고, 큰 욕심 없고, 가족과의 관계가 좋다). 그런 장수촌에서 단명한 사례가 나타나 조사해 보니 생활습관이 변하면 모든 조건을 갖추고도 단명을 하더라는 것이다.

우리 모두는 이 땅에 원석으로 태어난 귀한 존재다. 그 원석의 크기나 색깔, 모양이나 쓰임새는 스스로 커팅하기에 따라 달라진다. 귀찮아서, 성격과 문화가 달라서 등의 이유로 커팅하는 것을 멈추어 뾰족한 부분들이 많다면 본의 아니게 옆에 오는 사람들에게 상처를 줄 수도 있다. 네모든 세모든 동그라미든 그것이 중요한 것이 아니다. 자기만의 영롱한 빛을 낼 수 있도록 연마해서 그 역할을 다할 때 서로 어울려 더욱 영롱한 빛을 발휘할 수 있을 것이다.

그 변화를 멈춘다면 한낱 돌멩이로 삶을 마치게 될지 모른다.

있는 그대로의 나를 마음껏 안아 주자. 부족한 점이 많고 상처를 주고받기도 하고 넘어지기도 하지만, 그럼에도 불구하고 나를 안아 주자. 그 힘으로 내가 먼저 다른 사람을 찾아가 격려하고 배려하며 안아 줄 수 있다.

'내가 혼자라고 생각해서 외로웠구나. 나를 지켜보는 사람이 이렇게 많았구나. 직장이 있다는 게 이렇게 좋은 거구나.' 직장에서 가족보다 함께하는 시간이 더 많은 동료들 간에 서로를 인정하지 않아서 겪었던 어려움들이 안아 줌으로써 녹아내린다. 내가 세상에 하나밖에 없는 존귀한 사람이듯 당신도 세상에서 하나밖에 없는 존귀한 자인 것을 인정하고 힘껏 안아 줌으로 마음을 표현하는 것은 어떨까? 쑥스럽고 온몸이 오글거리는 것 같아도 피부와 피부가 맞닿음으로 인해 정서적 안정감을 경험하기 때문에 작은 몸짓만으로도 충분하다.

✳ 보이는 게 전부가 아니다

눈에 보이는 빙산의 크기는 실제 크기의 3~10퍼센트라고 한다. 타이타닉 호가 빙산을 발견했을 때 보이는 빙산과 보이지 않는 빙산의 크기를 제대로 파악해서 우회했다면 어땠을까? 그 시절 타이타닉 호는 가장 최신 시설과 장비를 갖추었다는 자만심이 있었던 것은 아닐까? 결국 타이타닉 호는 거대한 빙산에 정면으로 부딪쳐 침몰하는 가슴 아픈 역사를 기록했다.

나는 나 자신을 얼마나 잘 알고 있는가? 정말 내가 알고 있는 내 모습은 실제의 나와 얼마나 일치할까? 나는 "안 된다"는 부정적인 말을 주로 하는 사람인가? "해보자, 괜찮다"는 말을 주로 하는 사람인가? 한 사람은 여러 가지 모습을 가지고 있다. 남에게 보여 주고 싶은 모습으로 포장해도 상대방은 자신이 보고 싶은 모습만으로 인지할 수도 있다. 실제로 보이는 나와 보여 주고 싶은 나의 차이가 있다는 것이다.

세상을 바꾸는 것은 거창한 구호가 아니다. 다수의 평범한 사

사람을 일으켜 세우는 말들

"삶에 대한 당신의 열정을 보면 나도 힘이 나네요."

"앞으로도 당신과 함께하면서 열정적인 모습을 닮고 싶군요."

"당신의 밝은 미소가 사람을 기분 좋게 합니다."

"항상 상대방을 배려하는 모습이 보기 좋더군요."

"매사에 긍정적인 언어를 사용해서 좋아요."

"지쳐 있을 때 당신을 만나면 격려해 주어서 힘이 납니다."

"후배인 나에게 새로운 업무에 적응하도록 친절하게 도와줘서 감사해요. 나도 그런 선배가 되겠다고 결심합니다."

"나의 장점을 잘 몰랐을 때 당신이 해준 칭찬을 듣고 나를 다시 돌아보는 계기가 되었습니다."

"당신의 무한한 신뢰로 인해 나는 자신감을 얻었어요."

"당신의 유머는 한 차원 높아 그 순간도 즐겁지만, 여운이 길게 남아 미소 짓게 만드는 힘이 있습니다."

"당신을 만난 것이 내 인생의 행운이자 축복입니다."

"당신을 통해 받는 삶에 대한 열정이 하루하루 나를 살게 하는 힘이 됩니다."

"당신의 삶에 대한 태도를 보며 저도 많이 닮아가려 노력합니다. 고맙습니다."

람들이 세상을 조금씩 바꾼다. 다양한 변수로 인해 나도 끊임없이 변화한다. 그 변화를 나 자신도 미처 인지하지 못할 때가 있다. 나는 무엇으로 세상에 기여할 수 있는가? 사람을 살리고 세우는 말로 바로 내 곁에 있는 사람들을 기분 좋게 하고, 살맛 나게 하고, 보람을 느끼며 살도록 소망을 주는 일을 할 수 있다.

세계 역사상 가장 짧은 시간 안에 경제 성장을 이룬 나라가 우리나라다. 선진국은 200년 이상 과정을 거쳐 성장했지만, 우리나라는 50~60년의 짧은 시간 속에서 급성장을 통해 선진국 문턱까지 올랐다. 굉장히 기쁘고 자랑스러운 일이다. 하지만 급성장을 이룬 뒷면에는 품앗이 문화가 사라지고, 함께 더불어 성장하는 win – win 정신이 사라졌다. 원망이 쌓이고 감사가 사라졌다. 사랑 대신 분노, 칭찬 대신 비하, 유머 대신 모멸감을 주며 유머라고 착각한다.

나는 전국을 다니면서 강의를 할 때 삶에 지쳐 있는 많은 사람들을 만난다. 스트레스를 감당하지 못해 자신을 향해 분노의 화살을 날리며 우울증과 낮은 자존감으로 살 소망을 잃어버린 사람들이 많다. 우리나라의 경우 2000년대 초에 대학 진학률이 85퍼센트까지 치솟았다. 그 뒤 2013년 고등학교 졸업생의 약 70.7퍼센트로 진학률이 조금 낮아졌다. 이렇게 젊은이들이 대학에 진학하는 높은 학구열을 보며 전세계가 놀랐다. 그런데 IT기술로 많은 나라들과 교류하는 등 외형은 눈부시게 성장하고 발전했지만, 내면은 어린아이처럼 연약한 상태로 멈추어 있다.

유난히 학벌주의가 강한 사회라서 학벌에 의해 자존감이 좌우

되는 경우가 많았다. 그런데 실제로 자존감 형성에 학벌이 차지하는 비율이 그리 높지 않다는 것을 알았다. 왜냐하면 대학진학률이 높아져도 여전히 자존감이 낮은 사람이 많다는 것이 그것을 입증한다. 내가 누구인지 분명하게 알면 자존감은 높아진다.

긍정의 언어와 비언어로 타인에게 자신의 의사를 전달해야 한다. 때로는 그 언어와 비언어가 나를 향해 부메랑이 되어 돌아오기도 한다. 실제 그런 습관은 타인을 위한 행동 같지만 엄밀히 말하면 나를 살리는 행위다. 봉사를 많이 하는 사람들이 한결같이 하는 말이 있다. 상대에게 도움을 준다고 생각했는데 오히려 자신에게 도움이 되고 행복해져서 봉사하는 거라고….

많은 사람들이 자신의 역량을 과소평가한다. 자신이 가진 것은 잊어버리고 없는 것만 찾는 경우가 많기 때문이다. 자신이 이미 가진 보석을 발견하는 것이 무엇보다 중요하다. 자신을 향해 자주 격려해 주는 것도 자존감 향상에 도움이 된다. "○○○, 너만한 사람 없어." 비언어로는 거울을 자주 보면서 '○○는 참 예쁘네' 하고 생각하며 나를 향해 미소를 짓는다. 손으로 가슴을 쓸어주면서 "그만하면 잘했어. 너만큼 충성도 높은 사람 있으면 나와 보라고 해. 너 자체가 명품이야" 하면서 혼잣말을 한다. 그리고 나 자신의 현재 상태를 분명하게 알려면 종종 나의 에너지 상태가 어떤지 점검해 보고, 에너지가 방전되었을 때 충전하는 것도 중요하다.

✸ 사랑 창고가 큰 사람은 너그럽다

나는 학창 시절에 달리기를 꽤 잘하는 편이었다. 100미터 달리기를 하면서 다른 사람의 뒤통수를 보고 달린 적이 거의 없었다. 그런데 나는 100미터 달리기를 싫어한다. 100미터 달리기는 생각만 해도 심장이 두근거리고 얼굴이 화끈거린다. 출발선에서 '준비!' 하는 말과 몇 초 안에 '땅!' 출발 신호와 함께 숨도 쉬지 않고 달려야 하는데, 그 시간에 심장이 멈춰 버린 듯한 느낌이 들어 너무 힘들다. 나는 승패를 가르는 일을 싫어한다. 같이 하는 일을 좋아한다. 함께 나누는 것이 즐겁다.

2006년, J대학교에 출강을 했을 때 일이다. 그 학교의 전 학과 장님이 나에게 물었다.

"우리 과에 전임교수가 두 명이 있는데, 당신은 어느 편에 설 거요?"

"학과장님은 학교에 운동회 하러 오셨어요? 저는 누구 편에도 서고 싶지 않지만, 꼭 서야 된다면 저는 제 편에 서겠습니다."

다소 엉뚱한 답이긴 했지만, 나는 싱글싱글 웃으면서 그렇게 대답했다.

"그래, 정 교수가 마음에 들어. 그렇게 파벌 만드는 거 나도 안 좋아해."

아마도 좀 당돌한 내 대답에 불쾌한 표현을 돌려서 말하는 것 같았다. '빨리 가려면 혼자 가고 멀리 오래 가려면 함께 가라'는 인디언 속담이 있다. 나는 누구를 이기기 위해 일하면 불편한 마음이 먼저 든다. 이 세상에서 혼자 할 수 있는 일도 많지만, 둘 이상 함께할 수 있는 일들도 많다. 함께했을 때 즐겁고 보람 있고 행복하다. 같이 가면 좋은 일이 훨씬 많은데 왜 꼭 승부를 내고 이겨야만 할까?

마라톤 훈련을 할 때 자주 듣는 이야기들이 있다. "지금 속도를 높여서 지속적으로 기록을 단축해야 한다. 죽기 살기로 노력하면 된다. 자신을 이겨야 한다. 비슷한 성적을 내는 저 친구를 이겨야 한다."

"왜요? 즐기면서 하면 안 돼요?"

"평생 마라톤할 건데 저는 할 때마다 즐겁게 할 수 있는 만큼만 할 건데요."

"그러면 안 돼. 그러니까 실력이 안 늘지."

"그렇게 해도 실력은 늘던데요."

마라톤 분야에 선배인 그분은 이렇게 말하며 나를 보고 답답하다고 했다.

"목표를 높게 가져야지 그렇게 해서 언제 실력이 향상되나?"

그분의 입장에서 보면 일리 있는 말이다. 하지만 내 입장에서 그런 말은 자극도 되지 않고 동기부여도 되지 않는다. 왜냐하면 난 '도전파'가 아니다. 건강을 위해 '즐기는파'다. 날마다 운동하는 것이 평생 습관이 되어 밥먹듯 운동하며 건강하게 삶을 유지하고 싶은 마음뿐이다.

"보기에는 그렇게 보이지 않는데 인생을 참으로 답답하게 사네."

그분은 혀를 끌끌 차며 나를 보고 한심해 하는 것 같았다.

왜 항상 이겨야 하는 것일까? 승패를 가려야 하는 경쟁이 필요 없다는 말이 아니다. 경쟁이 꼭 필요한 분야가 있다. 경쟁을 통한 동기부여와 발전이 분명히 존재한다. 운동선수나 취업 준비생은 경쟁에서 꼭 이겨야 한다. 그런데 경쟁이 필요하지 않은 분야까지 경쟁구도로 몰고가는 것이 문제라는 것이다.

내가 삼십대 중반에 교회에서 주일학교 교사를 한 경험이 있다. 그때 나는 사랑스러운 아이들을 보며 부모 마음을 어렴풋이 느꼈다. 그래서 어느 날, 엄마에게 물어보았다.

"엄마! 이 세상에 가장 바보 같은 사람들이 '부모'인 것 같아요."

"왜 그렇게 생각하는데?"

"엄마는 제가 아홉 번 잘못하고 한 번만 잘해도 잘못한 것을 잊어버리고 마치 효녀인 듯 좋아하고 자랑하시잖아요."

"부모란 그런 거야."

그래서 내리사랑은 있어도 치사랑은 없다는 건가? 한 부모는 열 자식을 건사해도 열 자식은 한 부모를 봉양하지 못한다는 말도 있다. 나는 할머니와 부모님의 무조건적인 사랑을 듬뿍 받아 누리긴 했지만, 그 사랑을 제대로 갚지는 못하고 살고 있다. 할머니께는 그 사랑을 전할 수가 없다. 30여 년 전에 하늘나라로 이사하셨기 때문이다.

나는 어린 시절에 쌍꺼풀이 예쁜 엄마에게 투정을 부렸다.

"엄마는 나빠요."

"왜?"

"예쁜 눈은 큰 오빠주고, 미운 손발은 나한테 주고 정말 나빠."

"그럼 어떻게 해줄까?"

"눈을 바꿔 줘요."

"그래, 그럼 네가 먼저 바꿔 가렴."

"그런 게 어디 있어요. 어른인 엄마가 먼저 떼 줘요."

"아니야, 어린 네가 먼저 떼어 가."

"싫어요. 어른인 엄마가 먼저 줘요."

이렇게 말도 안 되는 실랑이를 벌여도 언제나 묵묵히 받아 주는 부모님은 나를 이기려 하시지 않았다. 할아버지가 어린 손자에게 수염을 잡혀도 웃을 수 있는 것은 손자에 대한 사랑 창고가 크기 때문이다.

✳ 조건 없는 사랑의 힘

다음의 시는 내가 가장 좋아하는 시로서 외우기도 매우 쉬운 시 중 하나다. 사랑을 어찌 몇 마디의 단어로 표현할 수 있겠는 가? 시인이 주장하는 것처럼 보여 줄 수 있는 사랑은 아주 작은 것에 불과하거늘….

보여 줄 수 있는 사랑은 아주 작습니다

-칼린 지브란-

보여 줄 수 있는

사랑은

아주 작습니다.

그 뒤에 숨어 있는

보이지 않는

위대함에 견주어 보면.

사람은 태어나서 부모님의 무조건적인 사랑을 먹고 살아간다. 태어나서 혼자 할 수 있었던 일이라곤 숨 쉬는 것과 '배고프고, 축축하고, 불편하다'는 이유로 울고 웃는 것, 몸부림으로 의사 표현하는 것밖에는 없었다. 무조건적인 사랑을 받으며 하루하루를 살았다. 수도 없이 넘어지면서 뒤집고, 서고, 걷고, 뛰면서 성장했다. 끊임없이 흐르는 조건 없는 사랑을 받으며 성장하여 세상을 향해 한 발 한 발 나아갈 수 있었다. 그리고 어느덧 지금의 내 모습으로 존재하게 되었다.

사랑은 정체되어 있지 않고 흐르는 것이 특징이다. 누군가에게 진정한 사랑을 받은 이는 꼭 누군가에게 사랑을 주게 되어 있다. 왜냐하면 흐르지 않는 사랑은 참사랑이 아니기 때문이다. 흐르지 않고는 견딜 수 없는 것이 참사랑이다. 받은 사랑이 얼마나 따뜻한지 얼마나 즐겁고 행복한지 얼마나 아름다운지 경험했기 때문에 그 사랑은 저절로 흘러나온다.

지금 '힘들다' 해서 '아픈 기억이 있다' 해서 그렇게 무조건적인 사랑을 많이 받았던 경험마저 기억하지 못한다면 큰일이다. 4남 4

녀 중 일곱 번째로 태어난 나를 할머니는 우리 집에 기둥 딸이 태어났다고 기뻐하시며 이름을 지어오셨다. 어린 시절 할머니는 언제나 내 편이 되어 주셨다.

'광하'는 이 세상 어디서든 빛나는 존재가 되라며 할머니가 지어 주신 이름이다. 초등학교 1학년 때인 것으로 기억한다. 학교에 가려는데 엄청나게 눈이 많이 내렸다. 할머니는 나에게 학교에 가지 말라고 말리셨다. 이렇게 추운 날씨에 밖에 나가면 고생한다며 따뜻한 방에서 쉬라고 하셨다. 나는 그래도 학교에 가겠다고 고집을 부렸다. 내가 포기할 뜻이 없자 할머니는 버선을 벗어 나에게 신겨 주셨다. 학교에 꼭 가려거든 추우니까 그 버선을 신고 가라고 하셨다. 그래서 추운 겨울이 되면 그때의 일이 아련한 추억으로 떠오르며 언제나 발에 그 버선이 신겨진 듯한 느낌이 든다.

수업을 마치고 집에 돌아오니 할머니는 내 손을 잡고 방 아랫목에 넣어 주셨다. 화롯불에 밤과 고구마를 묻어 놓았다가 내주시던 그 모습은 40여 년이 지난 지금도 생생하게 떠오른다. 그때 그 시간을 떠올리면 마음이 따뜻해진다. 자꾸 보면 닳을까 봐 바라보기도 아깝다고 하셨던 아버지의 말씀도 내가 지치고 힘들 때면 에너지가 솟는 자양분이 되고 있다.

어느 날 낮잠을 자다가 눈을 떴는데 엄마가 동네 아주머니와 말씀을 나누고 계셨다. '내가 저 녀석을 낳지 않았다면 무슨 낙으로 살았을까?' 하면서 나에 대해 이야기하는 말씀을 듣고 어린 마음에도 우쭐했던 기억이 난다. 우리 집은 경제적으로 많이 가난했다. 하지만 사랑이 부족하지는 않았다. 그 사랑이 내 삶의 원동력이 되었기에 누군가의 사랑을 애써 구걸하지 않는다. 부모님의 무조건적인 사랑이 불씨가 되어 내가 사랑이 고플 때면 언제나 자가 발전기를 가동한다. 내 몸과 마음속에 받은 사랑이 각인되어 필요할 때면 언제든 충전할 수 있기 때문이다.

당신도 무조건적인 사랑을 받고 이 땅에 태어났고, 이렇게 성장해서 자기의 몫을 다하고 있다는 사실을 잊어서는 안 된다. 그렇게 받은 사랑을 밑천 삼아 언제나 에너지 창고에 여유 있게 채워 놓기를 바란다. 어차피 세상은 단 한 사람, 바로 나로부터 시작된다. 나는 그 당시엔 그것이 사랑인 줄 몰랐다. 시간이 흐른 뒤 내가 사랑을 많이 받고 자랐다는 것을 깨달았다.

✴ 아픔 없이 올곧게 성장할 수 없다

사람마다 정도의 차이는 있지만, 아픔 없이 지금의 삶을 누리는 사람이 있을까? 살아가면서 어느 정도의 아픔을 겪어야 작은 일에도 감사하게 된다. 큰 대나무도 마디 덕분에 태풍이 불어도 쓰러지지 않는 것처럼 상처도 잘 극복하기만 하면 우리 삶의 마디 역할을 하여 좀 더 단단한 마음의 근육이 되는 것 같다.

내가 전에 다니던 S교회에서 신설된 소그룹 모임(일명 다락방)에 처음 참석한 적이 있다. 그런데 두세 번 참석한 뒤 삶을 나누다가 순장님이 던진 한마디 말로 인해 모임이 해체되었다. 그 모임의 순장님은 참으로 사랑이 많은 분이셨다. 회원들을 먹이려고 음식을 직접 만들어 오는가 하면 회원들 생일 때는 액세서리 등을 선물하며 그분의 사랑을 우리에게 전하셨다.

그날도 여느 날과 다름없이 모임이 진행되었다. 그 말씀을 하기 전까지는 아무런 문제가 없었다. 그런데 순장님이 "저는 부모님 덕분에 어려움을 모르고 자랐어요. 남편을 만나고 나서도 결혼생활에 큰 어려움이 없었어요. 저는 정말 축복받은 사람이에요"라고 하자 참석했던 여러 사람들의 마음이 갈라지는 소리가 들렸다. 그렇다면 아픔을 겪고 고통을 느낀 사람들은 축복받지 못한 삶이라는 건가? 그 후 누가 뭐라고 하지 않았는데, 그 소그룹은 자연스럽게 해체되었다. 그 모임에 나오는 사람이 없었기 때문이다.

언어나 비언어로만 듣는다면 우리는 많은 사람들의 마음이 내는 소리는 듣지 못한다. 마음이 아픈 사람들이 모였던 그곳에 아픈 적이 없었다는 그분의 말씀은 누구를 빗대서 하는 말은 아니었다. 다만 주위에 있는 사람들의 내면의 소리까지 오롯이 들어줄 여유가 없었던 것이다. 모두 각자 자신의 아픔에만 집중했던 탓일까? 축복받은 사람이라고 말씀하신 분의 진짜 마음을 확인할 겨를도 없이 모임이 그렇게 마무리된 것이 지금도 아쉬움으로 남아 있다.

사람이 아픔 없이 성장할 수 있을까? 아프지 않고 성장할 수 있다면 얼마나 좋을까? 하지만 매일 햇빛만 비치는 일상이 지속된다면 땅이 황폐해지고 사막화가 될 위험이 있다. 때로는 비도 오고 천둥과 번개, 폭풍도 몰아치고 햇빛이 비칠 때 들풀도 자라고 식물도 동물도 자란다.

누구든 많이 힘들 때 불평할 수는 있다. '세상이 정말 공평한 거 맞아?' 하지만 온실 속에서 자란 나무와 광야에서 자란 나무를 단순하게 비교하고 우선순위를 매길 수 있을까? 10대와 20대 30대 40대를 거치면서 매순간 느끼는 것이 다르듯이, 동일한 현상을 보고도 나에게 전달되고 느껴지는 삶의 무게는 정말 다르다는 것을 체험했다.

1997년 12월 3일 우리나라는 외환위기를 겪으며 IMF 사태를 맞았다. 그 영향으로 이듬해 우리 가족은 큰 어려움을 겪었다. 특히 고통을 준 형제와 함께한 시간이 많았던 나는 더욱 힘들었다. 한편으로는 그들을 이해하면서 한편으로는 배신감과 원망 그리고 무너진 신뢰로 인해 더욱 허탈했다. '가족도 믿지 못하는데 이제 세상에 누구를 믿고 살아갈 것인가?' 하는 엄청난 불안감까지 겹쳐서 고통이 배가되었다. 내가 너무나 힘들어하자 주변에서 이렇게 위로했다.

"하나님이 너를 더 크게 쓰시려고 그러는 거야!"

그러면 나는 이렇게 말하곤 했다.

"그분께 전해 주세요. 크게 쓰지 마시라고요. 저는 크게 쓰임 받고 싶지 않아요."

큰 아픔을 겪고 나니 대나무의 마디처럼 내 삶에 훈장이 남았다. 그 마디 덕분에 삶을 바라보는 각도가 넓어졌다. 얄팍했던 마음밭이 조금은 더 깊어져서 아픈 만큼 성장한다는 말에 공감했다. 씨앗이 땅 속에서 썩는 고통을 이기지 못하면 생명을 품은 새싹으로 성장하기 어렵다는 것을 체험으로 알게 되었기 때문이다.

✵ "사표를 찢겠습니다"

○○백화점에서 직원들을 대상으로 한 강의가 끝난 뒤 한 판매 사원에게서 사인을 해달라는 부탁을 받았다. 한사코 거절하자 그는 나에게 또다시 현실로 돌아갔을 때 똑같이 힘들 때가 오면 이 사인을 보며 지금 이 마음을 떠올리면서 어려움을 극복하겠다고 했다. 그는 회사에서 강의를 들으라고 해서 사표를 써놓고 마지막으로 교육 받고 사표를 제출하겠다는 마음으로 참여했다고 한다. 하지만 '웰튜닝' 체험을 통해 자신을 인정하고 수용하며 존중하는 것이 중요하다는 것을 깨달았단다. 건강한 몸과 마음으로 직장을 바라보는 관점이 바뀐 것이다. 자신을 괴롭히는 사람들이 소비자라고 생각했다. 그런데 이제 그들 때문에 자신과 같은 사람들이 필요하고, 직업도 생겼다는 생각을 하게 되었다고 한다.

그가 자신을 괴롭히는 소비자를 원망하던 데서 방향을 바꾸니 직업에 대한 자부심도 생기고 감사하게 되었다고 말했다. 그리고 매장으로 돌아가 또다시 자신의 감정이 불편하게 될 때 지금 체험했던 이 마음을 다시 떠올리면서 직장에서 할 일을 기쁨으로 하겠다고 했다. 그리고 써놓았던 사표는 미련 없이 찢어버리겠다고 말했다.

온 나라가 갑질하는 사람들로 인해 분노의 감정이 부글부글 끓고 있다. 시집살이를 심하게 했던 사람이 또다시 시집살이를 시킬 확률이 많다. 우리 문화는 대체로 서비스에 정당한 대가를 지불할 생각을 하지 않는다. 서비스 질을 개선하고 향상시키기 위해서는 엄청난 비용과 노력이 들어간다. 그 비용은 지불하지 않으려 하면서 서비스를 받는 권리는 그 누구도 양보하지 않는다.

한국직업능률개발원에서 조사한 바에 따르면 감정노동을 많이 하는 상위 10개 직업군을 보면 1위가 항공기 객실승무원, 2위가 홍보도우미 및 판매원이다. 백화점 판매사원이 감정노동자들의 순위에서 2위를 차지한다. 1위는 그만한 대가를 인정받고 누구나 선호하는 직업군이기 때문에 감정노동자들 중에서도 어쩌면 '을' 중에 '갑'일지도 모른다. 하지만 백화점 판매사원의 경우 백화점 직원도 아니고 입점회사의 직원이면서 처우는 열악하기 짝이 없다. 월급은 파견된 회사에서 지급받지만 모든 업무 지시와 통제는 백화점의 지시와 규칙을 따라야 한다.

시장에서는 가격 흥정을 할 수 있다. 가격 흥정을 위해서 소비자가 먼저 부드러운 말씨와 화사한 미소를 띠우며 가격 할인이나 덤을 요구한다. 그렇기 때문에 재래시장에서 불친절하다는 민원보다는 값싸고 신선하며 질 좋은 제품을 구입하는 것으로 만족한다. 그런데 백화점에서 소비자는 굳이 구입하지 않더라도 서비스를 받기를 원한다. 그래서 소비자는 판매사원들에게 고압적인 태도로 자신의 행동을 정당화하는 데만 치중하려는 경향이 있다.

물론 정부에서 서비스 요금에 대해 규제를 심하게 하는 것 또한 서비스의 질이 개선되지 않는 데 한 몫을 하고 있다. 그러다 보니 기업과 판매자와 소비자가 모두 만족하는 서비스를 만들어내는 데는 한계가 있다. 유독 판매자에게 그 모든 것을 떠넘기며 기업과 소비자가 만족하면 되는 서비스만 양산되고 있다. 제조업은 기계화를 통해 고급화를 이룰 수 있지만, 서비스업은 오로지 사람의 수고가 들어가야 한다.

서비스라는 말을 덤으로 오해하는 사람들이 많은 우리 문화는 아직 갈 길이 멀다. 고객은 왕을 넘어 신이라는 말이 나올 정도로 고객의 위상이 높아졌다. 아니, 높아진 듯하다. 상대적으로 그 신들을 상대하는 판매사원들의 위상은 더 낮아진 듯하다. 상황이 이럴진대 그들은 소비자들의 변화만을 기다리고 있어야 할까? 소비자는 변하지 않을 것이다. 자기 자신이 판매자도 되고 소비자도 되는 상황임에도 판매자일 때와 소비자일 때의 태도는 사뭇 다른 경우가 많기 때문이다. 어떻게 하면 감정노동자들의 피로를 줄이고 업무 만족도를 높일 수 있을까?

첫 번째, 자신이 서 있는 위치를 분명히 직시하라

판매자가 서 있는 위치에 대한 분명한 자각을 먼저 해야 한다. 고객이 있어서 기쁘다는 사람들과 고객이 오면 짜증난다는 사람들이 있다. 전자는 건강한 몸과 마음으로 사람과 대화하는 것을 즐기는 사람일 확률이 높다. 직업에 대한 소명의식까지는 아닐지라도 소비자들 덕분에 판매사원의 직업이 탄생했다는 사실만 직시해도 스트레스를 줄이는 데 효과가 있다.

두 번째, 자신의 마음을 있는 그대로 수용하라

불쾌한 감정을 숨기고 억지로 웃으며 고객을 대할 때 부작용은 실로 더욱 커진다. 상식을 넘어 무리하게 요구하는 고객들로 인해 감정이 상할 수 있다. 그 상한 감정을 고객에게 표현하라는 것이 아니라, 자기 스스로 불편한 마음을 인정하고 수용하면서 위로할 수 있어야 한다. 그래야 그 감정을 해소하고 또다시 소비자와 마주할 수 있을 것이다.

세 번째, 자신의 권리를 올바르게 주장하라

소비자가 언제나 옳은 것은 아니다. 판매사원들에게 지나친 요구나 자신의 불편한 감정을 해소하려는 고객이 있다면 무조건적인 수용보다는 부드럽게 거절할 줄도 알아야 한다. 국내 취업자 약 552만 명이 감정노동 종사자다. 그중 약 38퍼센트가 중증 우울증을 겪고, 80퍼센트가 인격 무시 발언, 욕설을 들은 적이 있다고 안전보건공단이 밝혔다. 안전보건공단은 감정노동 종사자를 생각하는 착한소비문화운동 BI(Brand Identity) 및 슬로건 공모전을 하며 소비자의 변화를 유도하고 있다.

사우스웨스트 항공사 편 경영은 직원을 왕으로 모시는 독특한 기업문화를 만들었다. 항공사 회장 켈러허는 "회사가 직원들을 왕처럼 모셔야 직원들이 고객에게 최상의 서비스를 제공할 수 있다"고 강조한다. 그는 "많은 기업이 종교적 신념처럼 믿고 있는 '고객은 왕이다'는 말은 틀렸다"면서 "기내에서 폭음하고 직원을 괴롭히는 불량 고객은 과감히 제재해야 한다"고 말한다. 또한 "사람의 마음을 잡아라. 지위고하를 막론하고 모든 사람을 평등하게 대하라"는 모친의 가르침을 평생 실천하고 있다고 한다.

4장

내면의 보물찾기

마음창고 재고 조사하기

캔터베리 효과(Canterbury effect)는 어떤 이야기를 들으면 그에 대한 자신의 생각을 말하고 싶어지는 인간의 심리를 말한다. 내 앞에 있는 누군가 자신의 내면 이야기를 하면 나도 내 이야기를 하고 싶어진다. 자신의 내면에 있는 보물을 찾아 떠나는 여행은 나를 살리는 여행이다.

영문학자 존 닐(John D. Niels)은 저서 『호모 나렌스』(Homo Narrans)에서 "사람은 태어날 때부터 말하고 이야기를 나누고 싶어 하는 욕구를 지니고 있다"고 했다. 자신의 이야기를 통해 정체성을 확인하고 이해하게 되는 것이다. 그리고 타인의 정체성을 존중하고 이해하는 데도 도움이 된다.

뇌 속에는 거울신경세포(Mirror neuron)가 있다. 사전의 뜻은 '동물이 특정 움직임(A)을 행할 때에나 다른 개체의 특정 움직임(A´)을 관찰할 때 활동하는 신경세포'다. 이 신경세포는 다른 동물의 행동을 '거울처럼 반영한다(mirror)'고 한다. 그것은 마치 '관찰자 자신이 스스로 행동하는 것처럼 느낀다'는 뜻이다.

내 안의 긍정적인 생각과 경험들을 표현할 때 같이 동참하는 사람들도 자신이 경험한 것처럼 기분 좋은 상태가 될 개연성이 많다. 상대방의 긍정 에너지를 통해 생각하지 못하고 경험하지 못했던 상황들이 마치 내가 경험한 것처럼 느껴져 기분이 좋아지기 때문에 그 시간을 함께 즐기며 만끽할 수 있게 된다.

그런데 살다가 지치고 힘들어 탈진되면 세상에서 한 번도 사랑을 받아 본 적이 없는 것처럼 느낄 때가 있다. 실제로 행복한 순간이 많이 있었는데도, 단 한 번도 인정받고 수용받고 존중받아 본 적이 없는 것처럼 느껴져서 외롭다. 그리고 지금까지 그렇게 살아온 자신이 불쌍하고 억울하다는 생각을 하기도 한다. 주위를 둘러 볼 마음의 여유가 없기 때문이다.

마음도 재고 조사를 하지 않고 그냥 참거나 대수롭지 않게 넘어가다가 더 이상의 여유가 없을 때 억울하다고 분노하거나 자포자기하며 깊은 우울의 나락으로 빠지기도 한다. 마음이 부정적인 생각들로 가득 차기 전에 순간순간 내면의 보물찾기를 통해 긍정적이고 밝은 에너지를 찾아내고 활용해야 한다.

사랑받은 기억들, 인정받은 기억들, 칭찬받은 기억들, 만족했던 기억들, 존중받은 기억들, 수용받은 기억들, 신뢰받은 기억들, 이해받은 기억들, 공감받은 기억들, 축복받은 기억들, 행복했던 기억들을 통해 흘러가지 못한 아픈 마음들이 흘러가게 만들어야 한다.

누군가에게 말로 상처받았는가? 그렇다면 누군가의 말 때문에 기쁘고 뿌듯했던 기억을 떠올려 상처받은 말들을 흘려 보내라. 부모님께 상처받았다면 부모님 때문에 사랑받고 인정받고 수용받고 존중받았던 기억들을 떠올려라. 너무 고통스러운 기억들로 인해 힘들 때 기쁘고 행복했던 기억들을 떠올려라.

가장 아름다웠던 추억, 가족 때문에 살아갈 소망을 찾았던 일,

어릴 적 꿈꾸던 소망, 현재 소망하는 꿈, 내 인생에 감사한 일, 몸과 마음의 허기짐을 해소해 준 따뜻한 밥상, 나를 기쁘게 하는 말들, 힘이 들 때 위로가 되는 노래, 내 인생에 가장 소중한 사람, 내 인생에 가장 기뻤던 순간, 내 삶에 자부심을 느끼게 한 성취 등 마음 에너지를 공급하는 내면의 보물찾기를 시작하자.

나는 지난 어린 시절을 돌아보면 나도 모르게 입가에 미소가 지어지는 아름다운 영상이 떠오른다. 앞마당에 평상과 돗자리가 펼쳐져 있고, 가마솥에는 팥죽이 뭉근하게 끓고 있다. 우물가 물통에는 수박 두 덩이가 둥실 떠 있다. 오빠들은 팥죽이 가득 담긴 양푼을 들고 우물가에서 뜨거운 죽을 호호 불어가며 식혀서 먹고, 나는 할머니 옆에서 팥죽을 먹느라 여념이 없다. 잡초가 타면서 내는 연기 속에서 모기들은 비틀거리며 숲으로 도망을 치고, 한여름 밤은 조금씩 깊어간다. 엄마와 아빠는 그런 모습을 잔잔한 미소를 띠고 바라보고 계신다. 그때의 추억은 내 인생에 가장 아름다운 한 자락이다.

내면의 잊고 있던 보물들로 인해 다시 힘차게 살아야 할 이유가 생길 것이다. 살다가 또 지치고 힘이 들면 또다시 내면 보물들을 찾아 힘을 공급받아 새롭게 살아갈 수 있다. 내면의 보물찾기는 한 번에 그치는 것이 아니라 내가 세상에 존재하는 한 한없이 마르지 않는 화수분처럼 내 안에서 차고 넘칠 것이다. 자신이 할 수 있는 다양한 방법으로 내면의 보물을 찾아 여행을 떠나자.

1 감사일기 쓰기

이 세상에 당연한 것은 없다. 대학에서 강의할 때 나는 학생들에게 종종 이런 질문을 던진다.

"부모님께 받은 장학금으로 대학에 입학한 사람 손들어 보세요."

그러면 반 전체가 손을 든다.

"부모님께 감사하다고 표현한 친구 손들어 보세요."

손을 드는 학생은 한두 명이 고작이다. 그러면 나는 이렇게 말한다.

"부모님이 고생해서 번 돈으로 비싼 등록금을 받아놓고 왜 감사하다고 표현하지 않죠? 요즘 돈 벌기가 얼마나 힘이 드는지 아세요? 이 세상에 당연한 것은 없습니다. 요즈음 직장생활하거나 자영업을 하는 것이 얼마나 어렵고 힘드는지 아십니까? 평생 직장이 사라지고 조기 은퇴자가 늘어나는 마당에 그 큰돈을 받고 감사 표현도 하지 않은 여러분들은 부끄러워해야 합니다."

집에 돌아가 부모님께 고맙다는 인사와 함께 꼭 한 번 안아드리라고 학생들에게 과제를 내준다. 그리고 한 학기 과제로 학생들에게 하루 3~5가지씩 감사일기를 작성해서 종강할 때 제출하도록 한다. 그러면 개강할 때의 모습과 종강 때의 모습은 놀랍도록 많이 변해 있다. 자신감이 넘칠 뿐 아니라 밝고 긍정적이며 적극적으로 자신의 의사를 표현하는 학생들이 많다. 그 모습이 얼마나 지속될지는 그 학기가 지나고 개개인의 노력에 따라 달라질 것이다. 감사 표현이 습관으로 자리 잡으면 자존감이 높아진다. 영혼이 맑아지고 기쁨이 넘친다.

그런데 많은 사람들이 아침에 눈이 떠지니 일어났고, 가야 할 곳이 있으니 준비하고, 해야 할 일이 있으니 열심히 하고, 집으로 돌아가야 할 시간이니 귀가하고… 이런 패턴으로 삶에 떠밀려 가듯이 수동적으로 살아가고 있다. 남들도 다 이렇게 살아가려니 하면서 말이다. 그러다가 인생의 어려운 고비를 만나면 그동안 당연하게 여겼던 모든 일들이 '참 감사한 일이었구나' 고백하게 된다.

IMF 이후의 나의 삶은 사면초가였다. 형제가 주고 간 고통과 함께 경제적으로 힘든 데다 갈비뼈가 부러지는 부상을 당한 엄마의 병간호도 내가 맡아야 했다. 원망하고 있을 틈도 없었다. 70대 후반인 엄마의 다친 뼈는 쉽게 회복되지 않았다. 거동이 불편한 엄마 곁을 잠시도 비울 수 없었다.

삼시 세끼 식사를 마련하는 것은 물론 뼈에 좋다는 음식들을 틈틈이 만들어야 했다. 막내로 자란 나는 요리할 기회도 많지 않았을 뿐 아니라 요리도 잘하지 못하는 데다 좋아하지도 않았다. 교대할 사람도 없어 그 모든 것들이 다 내 몫이었기에 직장을 다닐 수도 없었다. 잠시 외출하더라도 마음이 편치 않아 바로 돌아올 수밖에 없었다. 몸과 마음이 지칠 대로 지쳤다. 그 당시에는 맑은 공기가 있어 숨 막히는 고통을 느끼지 않는 것이 감사한 일인지 느끼지 못했다. 생명이 있음이 오히려 거추장스럽다고 느껴질 정도였다. 뭐든 쉽게 풀리는 일이 없었다.

마음껏 생각을 표현하고 행동하고 세상을 향해 나아갈 수 있음이 얼마나 감사한 일인가? 오늘도 새로운 하루, 아침을 맞을 수 있게 된 것이 감사하다. 숨을 쉬고 아름다운 것을 보고 생각하고 느낄 수 있는 것이 감사하다. 선조들의 피와 땀으로 일궈낸 대한민국에서 태어나 그분들의 수고에 편승해 살고 있지만, 조국이 있다는 것에 대한 감사가 없었다. 건강한 몸이 있어 원하는 곳 어디든 자유롭게 갈 수 있고, 먹고 싶은 것을 마음껏 먹을 수 있는 것이 얼마나 감사한 일인지 모르고 살아왔다. 경제적으로 어려운 환경에서 항상 쪼들린 생활을 했지만, 사랑이 고프지 않게 해주신 할머니와 부모님이 계셔서 얼마나 감사한지….

막내로 태어나 사랑받으며 자랐기에 나 자신의 일을 잘 감당하는 것만으로도 기특하다고 칭찬받으며 생활할 수 있었던 것이나, 형제가 많아 외로울 틈이 없이 살아온 것도 얼마나 감사한 일인가. 좋은 선생님들을 때에 따라 만났고, 날마다 놀아도 지루하지 않게 많은 친구들이 있었던 것도 얼마나 감사한 일이던가. 내일의 꿈이 있어 얼마나 감사한지…. 이렇게 감사가 넘치는데도 그때는 그걸 몰랐다.

그래서 나는 내게 없는 것을 탓하며, 신기루를 찾아 헤매듯이

감사경영 성공사례, '행복나눔 125'

'행복나눔 125'는 2010년 3월, 삼성종합기술원장과 농심 대표이사 등을 지낸 손욱 서울대 차세대융합기술연구원 기술경영솔루션 센터장의 주도로 만든 독서·선행·감사 실천하는 CEO모임이다. '1주일에 한 가지 이상 착한 일 하기' '한 달에 2권 이상 좋은 책 읽기' '하루에 5번 이상 감사의 마음 전하기'를 실천하기 위해 매달 마지막 주 화요일에 회원 15명이 모여 각 기업의 감사·나눔 경영 노하우를 공유한다.

충북 청원군 오창읍에 있는 반도체·디스플레이 부품소재 기업 네패스의 이병구 회장은 감사·나눔을 경영 이념으로 채택한 이후 "장비 파트 이직률이 20퍼센트대에서 지난해 0퍼센트로 감소했고, 제품 수율(투입량 대비 완성품 비율)도 20퍼센트 정도 올라 사상 최고치를 기록했다"고 달라진 회사 모습을 밝혔다.

이 회장은 감사·나눔의 기업 문화 정착을 위한 네패스 차원의 다양한 방법을 제시했다. 지난해 자체적으로 개발한 '감사노트'라는 애플리케이션(앱)이 대표적인 예다. 감사노트는 회사 동료에게 고마운 일이 있으면 스마트폰 전용 앱을 통해 자신의 마음을 적을 수 있는 일종의 게시판이다. 직원 한 명당 하루 평균 3건 이상 감사편지를 남길 정도로 호응이 좋다.

네패스는 이 같은 기업문화를 바탕으로 올해 산업통상자원부와 산업정책연구원이 실시한 지속가능경영 실태조사에서 '우수기업'으로 선정됐다.

포스코 ICT도 적극적이다. 허남석 전 사장은 다른 두 회사가 합병된 포스코 ICT 직원들의 불만을 줄이기 위해 감사·나눔 경영을 처음 도입했다. 반응은 예상 외로 좋았다. 회사의 성과 몰입도가 2009년 포스코 그룹 내 꼴찌(43퍼센트)에서 2012년 1위(89퍼센트)까지 쑥쑥 올라갔다. 눈에 띄는 성과에 감사·나눔 운동은 포스코 전 계열사로 확산됐다.

살아왔다. 감사할 수가 없었다. 물질이 없을 때는 물질만 생기면 모든 고민이 해결되리라 생각했다. 그런데 물질이 생기니 그 물질 때문에 고민이 생겼다. 아는 사람들이 내 앞에서 돈 걱정을 하면 '내 통장에 돈이 있는데' 하는 생각이 들어 안 주자니 불편하고, 주자니 돈도 잃고 사람도 잃을까 봐 두려웠다. 돈의 위력은 내가 생각하는 상상 이상이라는 것을 알게 되었다.

감사할 것이 없는데 어떻게 감사하란 말이냐고 항변하는 사람들도 있을 것이다. 일상에서 감사할 일을 찾아보자. 당연하다고 생각하는 것들을 뒤집어보면 감사할 일이 많을 것이다.

감사한 생각으로 낙관, 열정, 활력 같은 긍정적인 감정을 느끼면 왼쪽 뇌의 전전두피질이 활성화된다. 불안과 분노, 우울 같은 부정적인 감정을 느낄 때면 오른쪽 전전두피질이 활성화된다.

'범사에 감사하라'는 말씀은 특정 종교에 국한되는 것이 아니다. 미국의 심리학자들은 오랜 연구 결과 감사가 뇌의 변화를 일으킨다는 것을 과학적으로 입증했다. 연구 내용을 요약하자면 감사한 마음은 전전두피질을 활성화해서 스트레스를 완화시키고 행복하게 해준다는 것이다. 심리학자들은 이러한 현상을 재설정 (reset) 버튼을 눌러 변화시키는 것과 같은 효과를 준다고 설명한다. 감사는 인간이 느끼는 감정 중 삶의 질을 변화시키는 강력한 감정임을 재확인해 준 결과다.

매일 아침 출근할 직장이 있다는 것이 감사하다. 건강을 허락해주셔서 일할 수 있는 상태가 된 것이 감사하다. 알람시계가 고장 나지 않고 세팅해 놓은 시간에 정확히 울려서 깨워 준 것이 감사하다. 대중 교통편으로 이상 없이 회사까지 무사히 출근한 일이 감사하다. 대중교통을 운전해 주시는 기사님이 계시다는 것이 감사한 일이다.

출근하니 앉을 책상과 의자가 있어 감사하다. 밝은 미소로 기쁘게 맞이해 주는 동료가 있어 감사하다. 하루 종일 할 일이 있어 감사하다. 동료와 함께 맛있는 점심식사를 할 수 있으니 감사하다. 이렇게 즐겁게 일하는 직장에서 수고했다고 월급과 성과급 외에 수많은 교육과 복지 혜택을 주니 감사하다. 즐겁게 업무를 마치고 동료들과 차를 마시거나 회식을 할 수 있는 기회가 주어지니 이 또한 감사한 일이다. 후배를 잘 챙겨 주는 좋은 선배들과 함께할 동료가 있음이 얼마나 감사한지. 하루 일을 마치고 뿌듯한 마음으로 퇴근할 수 있으니 감사하다.

하루 일을 정리하다 보니 오늘도 생산적인 일을 할 수 있어서 마음에 기쁨과 만족을 느끼니 이 또한 감사하다. 돌아갈 집이 있다는 것이 감사하다. 출근한다는 사실 하나만으로도 이렇게 감사할 일이 차고 넘친다. 지극히 평범한 것이 좋은 것이라고 하지 않던가? 오늘이 어제 같고, 내일이 오늘 같을지라도 감사하지 않을 이유가 하나도 없다. 매순간 감사를 찾아 감사하다고 표현하는 것이 나를 살리는 지름길이다.

2   나는 매일 꿈을 꾼다

'당신의 꿈은 무엇입니까?' 하는 질문을 받는다면 망설임 없이 대답할 수 있는 사람이 얼마나 될까? 어릴 때 나는 막연히 '선생님'이란 직업을 동경했다. 초등학교 선생님이셨던 작은아버지는 항상 나에게 관대하셨다. 그래서 친구들과 같이 작은아버지 댁에 자주 놀러갔다. 내가 초등학교 3학년 때 아버지가 오랜 투병생활을 하셔서 방학이면 병 간호를 하느라 숙제를 못했다. 담임선생님께서는 반 친구들에게 나의 사정을 이야기하며 오히려 어린 나이에 병 간호하는 나를 기특하다고 칭찬해 주셨다.

초등학교 5학년 때 담임선생님은 큰 오빠 친구 분이었다. 방과후 나만 남으라고 해서 피아노를 가르쳐 주고, 라면도 끓여 주시곤 했다. 학교 성적이 조금이라도 떨어지면 "네 오빠 얼굴을 어떻게 보니?" 하며 공부를 열심히 하라고 채근하시곤 했다.

이런 선생님들의 모습을 보며 성장해서 그랬는지 나는 '선생님은 참으로 관대한 사람들이구나'라고 생각했다. 그리고 커서 '나도 선생님이 되어야지' 하는 생각을 어렴풋이 한 것 같다. 그런데 철이 들면서 집안 형편이 녹녹하지 않음을 알게 되자, 그 꿈은 내 기억에서 차츰 멀어졌다. 아니, 자연스럽게 포기했다는 것이 좀 더 정확한 표현이다. 집안 형편이 좋은 친구들도 상급학교 진학보다는 취업을 선택하는 것을 많이 보았기 때문이다.

20대 초부터 비교적 일찍 직장생활을 하며 '내게 주어진 일은 이게 아닌데…'라고 막연히 생각하면서도 일상에 치여 하루하루를 살아냈다. 그런데 어느 날 교회 E권사님의 말씀 한마디가 내 인생의 전환점이 되었다. 학원에서 강의하던 내게 "너는 가르치는 은사가 있는 것 같다. 설명을 참 이해하기 쉽게 해" 하시며 공부를 더 해보라고 권하셨다.

나는 공부를 계속할 수 없는 형편이라며 단번에 거절했다. 하지만 그 권사님은 "너는 기도도 안 해보고 결정하냐"면서 기도를 한 번 해보라고 하셨다. '그래, 기도해 보고 아니라고 하면 그때 포기해도 되지' 하는 생각이 들었다. 나는 왜 그때 그런 생각을 못했을까? '일단 한 번 해보자'고 생각하기보다는 왜 쉽게 포기했을까?

그때 '자기 스스로 다른 시각을 갖고 다른 방향을 보는 것은 쉽지 않구나! 주변의 자극이 매우 중요하구나!' 하는 것을 깨달았다. 그분의 말씀 한마디 덕분에 꿈을 향해 구체적으로 움직이기 시작했다. 38세 늦깎이로 대학을 졸업했다. 어느 날 교수님과 점심식사를 하면서 진로에 대한 이야기를 나누었다.

"저는 대학원에 진학하지 않으려고요."

"왜?"

"돈도 없고 영어도 어렵고 해서요."

"누가 너를 대학원에 붙여 준대?"

"제가 대학원 시험에 떨어질까요?"

"합격한다는 보장이 어디 있냐?"

"일단 대학원에 지원하고 만약에 떨어지면 그때 포기하면 돼. 합격됐는데 사정이 여의치 않으면 개강 후에 포기해도 늦지 않아!"

지도교수님의 말씀을 듣고 새로운 도전에 눈을 뜨게 됐다. 생각은 자유이고, 생각하는 데는 비용이 들지 않는다. 그런데 나는 내가 처한 상황이 어렵다고 미리 포기하는 것에 익숙해져 있어서 꿈조차 꾸지 않았던 것이다. 항상 내 형편을 먼저 생각하니 마치 높은 벽이 앞에 가로놓여 있는 것처럼 느껴졌다. 꿈을 향해 전진해야 한다는 생각 자체가 사치라는 생각이 들어 애써 외면했다.

하지만 생각하는 것을 행동으로 하나씩 실천하다 보니 생각에 머물러 있지 않고 꿈이 이루어졌다. 그 교수님의 말씀 덕분에 나는 대학원에 지원했다. 정말 행복하게 대학원 생활을 마치고 졸업했다. 타인의 시선을 받으며 강의하는 것이 처음에는 힘들었다. 그런데 시간이 지나면서 조금씩 적응되었고, 이 모든 과정을 감사하게 되었다.

2002년 '꿈은 이루어진다!'는 월드컵 4강 신화는 온 국민의 가슴에 감동의 물결을 일으켰다. 과거에는 입지전적인 인물들을 주인공으로 하는 드라마나 영화가 많았다. '개천에서 용 난다'는 말처럼 이로 인해 많은 젊은이들의 가슴을 뛰게 만들기도 했다. 하지만 자신의 꿈을 이루기에는 현실은 그리 녹녹하지 않다. 요즈음은 개천에서는 용이 날 수 없고, '부모의 관심과 조부모의 재력이 꿈을 완성한다'는 이야기도 한다.

누군가의 꿈은 아름다운 싹을 틔워 열매를 맺는다. 또한 누군가의 꿈은 웅크리고 있다가 어떤 계기가 되어 활활 타오르는 활화산이 되기도 한다. 하지만 꿈을 포기하지 않고 끝내 도전하면 이룰 수 있다는 사례를 보여 준 생생한 사례가 있다.

차사순 할머니는 2005년 4월부터 면허증 취득을 위해 960번의 도전 끝에 운전면허증을 취득했다. 합격 당시 69세였다. 현대자동차에서 차사순 할머니께 승용차를 선물했고, 광고에 등장하기도 했다. 차 할머니는 완주군에서 전주시 전북운전면허시험장까지 버스를 두 번이나 갈아타며 시험을 보러 다녔다. 할머니의 이런 열정은 '뉴욕 타임스'와 '로이터 통신' 등을 통해 세계에 알려지기도 했다.

마크 빅터 한센이 경험한 일 중에 대학 졸업 축하 연설을 하러 한 대학교에 갔다가 경험한 사연도 놀랍다. 학생 중 72세 된 할머니가 있었는데 66세까지 수녀였다가 무려 7년을 공부해 의사가 되어 졸업하는 할머니를 목격한 것이다.

"왜 그 나이에 의사가 되는 일에 세월을 쓰겠다고 결심하셨습니까?"

"나는 아직 죽지 않았으니까요. 내 인생의 목적은 남을 섬기는

데 있어요."

'꿈'은 그런 것이다. 세상이 정한 기준에 따라 사는 것이 아니라 자신의 알람이 울리는 나이에 주목하면서 사는 것이다. 나이는 숫자에 불과하다는 말이 더욱 실감난다. 나는 매일 '꿈'을 꾼다. 이 땅을 떠나는 마지막 순간까지 언제 어디서든 어떤 모습으로든 꼭 필요한 사람이 되고자 하는 '꿈' 말이다.

3 돈으로 행복을 살 수 있을까?

    2014년에는 세월호 참사를 비롯해 유난히 사건 사고가 많이 일어난 해였다. 게다가 불황의 터널이 지속되어 우리 사회 어느 곳에도 안전지대가 없다는 것이 우리를 불안하게 한다. 날마다 밀려오는 이 불안을 퇴치할 수 있는 백신은 없을까?

    불안을 퇴치하는 길은 행복하게 살 수 있는 자기 나름의 비결을 발견하면 된다. 행복은 개인의 주관적인 만족에 있다. '다니엘 카네만'(노벨경제학상수상자)은 '그날 재미있는 일이 많은 사람일수록 행복하다'고 했다. 즉, 내 하루의 삶 속에서 기분 좋은 시간이 길면 길수록 행복한 사람이라는 것이다.

    내가 가진 재물로 행복을 살 수 있을까? 얼마를 주면 살 수 있을까? 예전 TV 드라마에서 배우 원빈이 한 대사가 떠오른다. "얼마면 돼, 얼마면 되겠니?" 돈은 사람들로 하여금 언제나 조금 더 있었으면 하고 안달하게 만들고, 돈이 주는 편리함과 유쾌함을 누리면서도 돈에 조바심나게 한다. 있어도 없어도 마음을 고달프게 하는 것이 돈이다.

대부분 사람들은 자신의 소유를 다른 사람들과 비교해서 판단한다. "내가 살기에 적합한가?"라고 묻지 않고 "나의 집이 이웃집보다 더 좋은가?"라고 묻는 사람들이 많다. 사람들은 가진 것에 감사하기보다는 "아직 충분하지 않다", "더 돈을 벌어야 한다"는 생각에 고착되어 있다. 그래서 현재 가지고 있는 것에 대한 가치를 알지 못하는 한 사람들에게 행복은 멀리 있다.

행복이 어디에 있는가를 묻기보다 먼저 행복이 무엇인가 물어보자. 행복은 상황에 따라 변하는 기분 좋은(good mood) 마음의 상태가 아니다. 행복은 다른 사람과 비교해서 '다른 사람의 불행이 나의 행복'이 되는 그런 상대적인 것도 아니다. 돈으로도 살 수 없다. 연구 결과에 따르면 일정한 소득이 넘으면 행복에 큰 영향을 주지 않는다는 것이 밝혀졌다. 물질이 많은 것은 우리 삶을 편리하게 해주지만, 행복의 전부는 아니라는 것이다. 2011년 1월 16일 KBS스페셜에서 방송된 '행복해지는 법'에 의하면 우리나라 사람들의 돈과 행복의 임계치는 월 소득 450만원이라고 한다.

친구랑 대화를 하다가 나는 문득 "돈이 전부는 아니야"라고 했다. 그러자 그가 내게 "그런 말은 꼭 돈이 없는 사람들이 하더라"하고 말했다. 나는 친구의 말을 받아 이렇게 말했다. "그래, 그 말도 맞다. 나 역시 돈이 참 좋다. 돈이 있으니까 없던 마음의 여유도 생기고, 시선도 넓어지는 것이 사실이더라. 돈의 위력은 내가 상상하는 그 이상이라는 것은 안다. 그럼에도 불구하고 돈이 삶

돈과 행복의 함수관계

하버드대 경영대학원 마이클 노턴 교수진은 이와 관련한 흥미로운 실험을 진행한 바 있다. 연구진은 봉투에 5달러나 20달러를 무작위로 담고 한 봉투에는 '오늘 5시까지 이 돈을 자신에게 사용하세요'라는 메모지를, 다른 봉투에는 '오늘 5시까지 이 돈을 다른 사람에게 사용하세요'라는 메모지를 넣었다. 이후 실험 대상자의 행복도 변화를 측정한 결과, 행복에 영향을 미친 것은 돈의 액수가 아니라 '누구를 위해 돈을 지출했는가?' 하는 것이었다. 자기가 필요한 물건을 사는 데 돈을 쓴 사람보다 어려운 이웃을 돕는 데 돈을 쓴 사람들의 행복도가 훨씬 증가한 것이다.

흔히 사람들은 돈이 많으면 많을수록 그에 비례해 행복도 무한정 커진다고 생각한다. 하지만 프린스턴대의 앵거스 디턴 교수와 노벨상 수상자인 대니얼 카너먼 교수는 2010년 미국인 45만 명을 상대로 돈과 행복지수를 조사한 연구 결과를 발표했다. "소득이 많을수록 행복감도 높아지지만 연소득이 75,000달러(약 8,000만 원)를 넘으면 소득 증가에 따른 행복감은 최소에 그친다."

브리티시 컬럼비아대학의 엘리자베스 던 심리학과 교수와 하버드 비즈니스 스쿨의 마이클 노턴 교수는 2012년 7월 7일 뉴욕타임스에 기고한 "욕구를 충족시키지 말고 행복해지라"는 제목의 글에서 돈이 많아도 행복하지 않은 이유는 돈과 행복의 관계를 오해하기 때문이라 설명했다.

던과 노튼은 연간 소득이 25,000달러에서 55,000달러로 늘어나면 삶의 만족도도 2배로 커질 것이라고 생각하고 미국인들을 대상으로 조사했다. 벌어들이는 돈이 2배 이상 늘어나면 행복도 2배가 된다는 가설을 증명해 보려는 의도였다. 하지만 연간 소득이 55,000달러인 사람들은 소득 25,000달러인 사람들에 비해 삶의 만족도가 9퍼센트밖에 높지 않았다.

돈은 100퍼센트 늘어났는데 행복감은 고작 9퍼센트 늘어나는 데 그쳤다. 던과 노튼은 돈이 일정 수준을 넘어가면 돈의 양이 아니라 돈으로 하는 일이 행복해지는 데 더 중요하다는 사실을 밝혀냈다. 일리노이대학교 심리학과 교수인 에드 디너는 이렇게 말했다. '빈곤에서 탈출하기 위해 돈은 매우 필요합니다. 가난에서 벗어나는 돈은 당신을 행복하게 만들지만, 돈이 계속해서 사람을 행복하게 만들지는 못합니다.'

에드 디너 교수가 미국 400대 부자들의 삶의 만족도를 조사했을 때 놀라운 사실은 뉴욕 맨해튼의 갑부나 케냐 초원에서 마른 소똥으로 집을 짓고 사는 원주민이나 삶의 만족도가 비슷했다는 것이다. 이 조사 결과를 보면 부가 행복의 결정적 요소는 아니라는 것이다. 목표 달성에서 오는 행복보다도 그 과정에서 느끼는 행복감이 어떻게 보면 더 중요하다고 얘기한다.

의 전부는 아니더라."

물론 건전한 방법으로 능력껏 재물을 모으는 것을 탓하진 않는다. 단지 그것이 전부라는 생각이 위험하다는 것이다. 재물이 목표가 되면 부작용도 만만치 않다는 것이다. 소득 수준보다 소득 불균형이 삶의 만족도에 큰 영향을 미친다는 자료가 있어서 주목된다.

삼성경제연구소가 2009년 9월 1일자로 발간한 SERI 경제포커스 제257호 보고서 '한국의 소득 불균형과 사회행복'에 관한 글에 따르면 '절대적인 소득 수준보다 남과 비교한 상대적인 소득 수준이 행복과 불행의 정도를 좌우한다'는 것이다.

영국의 BBC 방송에서도 런던의 작은 마을 주민들을 대상으로 '행복 만들기' 실험을 했는데 비슷한 결과가 나왔다. '내가 월급 300만 원을 받고 남이 450만 원을 받는 경우'와 '내가 150만 원을 받고 남이 100만 원을 받는 경우'를 놓고 선택권을 주었다. 주민들 대부분은 후자를 선택했다. 금전은 절대적 액수의 많고 적음이 중요한 것이 아니고 상대적으로 남보다 내가 더 많이 받는다는 사실만으로도 우월감과 행복감을 느낀다는 것이다. 이를 통해 상대적인 박탈감에서 벗어나야 행복하다는 것을 알 수 있다.

혼자 사는 것보다 더불어 사는 삶이 더 행복하다는 연구 결과는 무수히 많다. 혼자 먹는 밥은 맛이 없다. 좋아하는 사람과 먹으면 더 맛있다. 그런데 가끔 산 속 오지에서 혼자 살면서 '나는 정말 행복하다'고 외치는 자연인도 있다. 하지만 방송에 나오는 그런 사람들을 보면서 나도 그렇게 살아보겠다는 생각은 들지 않는다.

더불어 살면서 치러야 할 대가가 있지만, 고통과 시련이 있을지라
도 함께 사는 삶이 좋다.

흔히 봉사와 상담은 타인을 돕기 위한 것이라고 말한다. 하지만
나는 봉사란 나를 위한 것이 먼저라고 말한다. 봉사하면 타인을
기쁘게 하기 전에 내가 먼저 기분이 좋아지기 때문이다.

"1회성으로 온다면 거절이네. 지속적으로 올 거 아니면 시작하
지 말게."

고등학교 때 RCY 단장으로 학교 옆 고아원을 방문해서 원장님
을 뵙고 봉사하러 오겠다고 제안했다가 단칼에 거절당하고 나왔다.

원장님은 "우리 아이들은 정에 굶주려 있다 보니 사람을 그리
워 해. 한 번 왔다 간 사람들을 기다리는 아이들의 모습이 안타까
워서 1회성 친절은 거절하네"라고 하셨다. 그날 이후 1회성으로
끝날 봉사라면 시작하지 않겠다고 생각했다.

봉사를 할 경우 가능하다면 지속적으로 하려 애쓴다. 교회에서

주일학교를 섬긴 지 9년, 독거 어르신들을 위한 집들이 개선사역 2~3년, 주보 섬김 2년, 적은 금액이었지만 H대학교에 5년 넘게 후원했다. 실천한 일들은 작은 일들이었고, 타인을 위한 배려와 친절 같지만, 내가 받은 감동과 은혜는 실로 크고도 깊었다. 분명히 말할 수 있는 것은 행동하지 않고 생각만 하는 것보다는 무엇인가 진행하고 있는 상태가 훨씬 행복했다.

4   소중한 선물, 가족

추억의 앨범 1

나는 가난해서 제때 공부하지 못한 것이 못내 아쉬워 한때 아버지를 한없이 원망했다. 책임도 못질 거면서 '이렇게 가난한 사람들이 자식은 왜 이렇게 많이 낳았어요? 누가 낳아달라고 했어요?' 하고 울며 고함을 치는 나에게 엄마가 말씀하셨다.

"너희 아버지가 밖에 나가 돈 버느라 고생하는 이유는 자식들 교육시키고 맛있는 거 사주고 먹는 모습 보려는 거야. 닳을까 봐 바라보기도 아깝다는 자식들인데 왜 그러냐?"

추운 겨울날, 아버지는 항상 먼저 일어나 큰 가마솥에 물을 가득 데워 놓고 엄마를 깨우며 "따뜻한 물 준비해 뒀으니 아침 준비하라"고 하신 분이다. 내가 초등학교 3학년이던 어느 날, 수업을 마치고 집으로 향하고 있었다. 바로 위의 언니가 뛰어오면서 소리쳤다. "빨리 뛰어. 아버지 돌아가셨대."

나는 그 말이 무슨 뜻인지도 모르면서 함께 뛰었다. 집에 도착하니 하얀 천막이 마당에 쳐져 있고, 동네 사람들이 많이 와서 웅성거렸다. 아무도 나에게 신경 쓰지 않았다. 할머니는 동네 친척집으로 거처를 옮기셨다. 장남인 아들을 잃은 슬픔으로 할머니 건강을 걱정했던 친척들의 배려였다. 일곱 살 난 남동생은 동네 어른들을 따라 낚시하러 갔으니 빨리 동생을 찾아오라고 했다. 서울에 간 오빠들과 언니들이 속속 집에 도착했다. 사람들이 문상을 와서 나와 내 동생을 붙잡고 "불쌍하다"며 안쓰러운 표정을 지었다. 하지만 나와 동생은 뒤꼍에 있는 음식들을 먹는 데 정신이 팔려 있었다.

그렇게 아버지는 세상을 떠나셨다. 다시는 돌아올 수 없는 곳으로…. 내 기억 속의 아버지는 항상 두 손에 먹을 것을 잔뜩 사들고 집에 오셨다. 청포도와 까만 포도 한 박스, 수박 몇 통, 할머니가 좋아하는 홍시….

엄마는 평생 아빠와 살면서 소리 내어 싸운 적이 없다고 하셨다. 엄마가 화를 내면 아버지가 무조건 자리를 피해 버리셔서 처음에는 그것 때문에도 더 화가 났지만, 언제부턴가 엄마도 아빠가 화나신 것 같으면 조용히 자리를 피하셨다고 한다. 내 기억에도 집안에서 큰소리가 난 적이 단 한 번도 없었다. 그 영향 때문일까? 사람들이 고함을 치거나 거친 욕을 하는 것을 보는 것만으로도 나는 심장이 두근거린다.

아버지가 돌아가시고 난 뒤 이상한 현상을 발견했다. 그동안 우리 집에 오지 않던 동네 분들이 집에 자주 오셨다. 어린 마음에 그분들의 방문 목적이 뭔지는 몰라도 기분이 좋지 않았다. 그 무렵 엄마는 우리에게 엄포를 놓으셨다. 누구든지 아버지 없는 자식이라는 소리를 듣는 날에는 호적에서 파버리시겠다고 말이다. 무슨 뜻인지는 몰라도 잘하지 않으면 큰일날 것 같다는 느낌은 들었다.

돌아가시기 전에 아버지는 3년 동안 광주 기독병원에 입원해서 대수술을 세 번 받았는데, 엄마는 동생과 같이 아버지를 간호하셨고 그동안 할머니가 언니들과 살림을 꾸려나가셨다고 한다. 나는 기억이 나지 않는다. 아버지에 대한 기억들은 조각조각 몇 개만 남아 있을 뿐이다.

나를 이발소에 데리고 가서 상고머리 스타일로 머리를 깎아 주시던 일, 세 번의 대수술을 하고 퇴원한 후 방에 누워 지내실 때 어린 내가 잔심부름하며 병 간호하던 일, 뒤꼍에 있는 살구나무에 올라가 살구를 따먹으며 웃는 나를 안방에 누워 가만히 미소 지으며 힘없이 바라보시던 일, 새벽밥을 드시고 허리춤에 전대를 차고 어둠이 채 가시지 않은 새벽길을 나서시던 모습, 마당 한가운데 모깃불을 피워놓고 평상에 둘러앉아 가족들이 웃으며 음식을 먹던 일이 떠오른다.

초등학교 다닐 때 신학기가 되면 선생님은 부모님이 계시는지 조사하시곤 했다. 친구들이 보는데, 아버지가 안 계신 사람 손을 들어 보라는 선생님의 말씀이 참 싫었다. 아버지가 3년간 투병생활을 하실 때 가세가 기울면서 어렵게 생활한 기억이 많이 남아 있다. 그래서 더욱 아버지에 대한 원망을 했던 것 같다. 그러던 내가 "아빠가 너를 바라보기도 아깝다고 하셨다. 닳을까 봐…"라고 하는 엄마의 그 한마디를 듣고 나서 그토록 미워했던 아버지에 대한 원망이 봄눈 녹듯이 녹아내렸다.

그 뒤 누군가 나를 조금이라도 미워하면 이렇게 외친다.

"우리 아빠가 날 얼마나 예뻐한 줄 알아? 바라보기도 아깝다고 하셨어. 닳을까 봐.'

그러면 듣는 사람은 웃으면서 이렇게 반론을 제기한다.

"야! 너희 아빠 시력에 문제 있었던 거 아니니?"

그러거나 말거나 난 눈과 목에 힘을 준 채 확신에 차서 마음속으로 이렇게 말한다. '내가 이런 사랑을 받은 사람이야. 아버지는 나에게 이렇게 귀한 선물을 주고 가셨어!'라고 말이다.

추억의 앨범 2

내가 열세 살 무렵의 일이다. 어느 날 방위로 군 복무를 하는 오빠에게 '오빠! 교환 언니 혼내 줘'라고 말했다. 동네에 전화기가 몇 대 없을 때였다. 공전식 전화기여서 전화기 옆의 손잡이를 돌려 교환원을 호출했다. 원하는 전화번호를 불러 연결을 부탁한 다음 수화기를 내려놓고 연결되기만을 기다리다가 전화벨이 울리면 교환원이 '연결됐습니다'라고 해서 통화하곤 했다. 참으로 호랑이 담배 피던 시절 같은 이야기다.

문제는 내가 전화를 신청하면 교환원 언니가 매우 불친절하게 대했다. 지금 생각해 보면 어린이가 장난 전화하는 것으로 오해했을 수도 있었겠다 싶다. 어쨌든 전화 신청을 한 번 하려면 교환언니와 왠지 모를 기 싸움 같은 것을 해야 해서 기분이 상하곤 했다. 우연히 전화국 옆에 있는 동사무소에서 방위로 근무하는 오빠가 그 교환 언니를 잘 안다는 이야기를 듣게 되었다. 때는 이때다 싶어 오빠에게 일렀다.

"오빠, 교환 언니 혼내줄 수 있어?"

"왜?"

"내가 전화하면 퉁명스럽고 전화 연결도 빨리 안 해주고 기분 나빠."

"오빠가 꼭 혼내 줘."

"알았어, 오빠가 혼내 줄게."

나는 그 말을 듣고 의기양양해졌다. 어느 날 전화를 신청했는데 전화 교환 언니가 상당히 부드럽게 전화를 연결해 줬다. 그때는 정말 오빠가 혼내 줘서 그런가? 했는데 지금 생각해 보면 혹시 '오빠랑 교환 언니랑 좋아하던 사이가 아니었을까' 하는 의구심을 지울 수 없다. 지금 결혼해서 잘 사는 언니가 교환 언니가 아닌 것이 확실하기에 확인할 수 없다. 당시 어린 나는 제복을 입고 다니는 방위가 대단해 보였다. 흔쾌히 내 부탁을 들어 준다기에 높은 자리에 있는 힘 있는 오빠인 줄 알았다.

그 오빠가 결혼하고 신혼여행에서 올케언니와 함께 돌아왔다. 올케언니는 결혼식장에서 보고 나서 두 번째 보는 나한테 백 원짜리 동전 3개를 들어 보이며 물었다.

"아가씨! 이 돈을 아버님 산소에서 주웠는데 어디에 쓰면 좋을까요?"

고등학교 2학년이던 나는 뭐라고 대답해야 할지 한참 고민했다.

'저걸 나한테 왜 물어보는 거지? 친하지도 않은데…'

그리고 나는 이렇게 대답했다.

"그 돈이요. 집 살 때 보태세요. 그러면 생색도 나고 좋겠네요."

소탈한 올케언니는 시원하게 대답했다.

"네 그러면 되겠네요."

맙소사….

추억의 앨범 3

내가 일곱 살 때 일이다. 햇살이 아름다운 어느 날, 집 뒤꼍에서 왁자지껄한 소리가 들렸다. 무슨 일인가 하고 가보니 오빠들 둘이서 책상을 감나무 위에 올리려고 낑낑거리고 있었다. 뭐하느냐고 물었더니 공부할 때 시원하게 거기에 올라가서 하란다. '공부하려고 묘기대행진을 하란 말이야?' 하며 나는 나무 위에 올라가는 것이 아찔한 상황인 것도 모르고 마냥 신나했다.

그런데 아무리 기억하려 해도 내가 그곳에 올라가 공부한 기억은 없다. 공부하지 않아서 기억하지 못하는 걸까? 너무 무서워서 장기기억에서 지워 버린 것일까? 그도 저도 아니면 올라가긴 했는데 공부는 한 적이 없어 기억을 못하는 것일까? 오빠들은 왜 그렇게 힘들게 책상을 나무 위에 올리려 했을까?

어느 날 동네 어귀에 있는 산의 큰 소나무에 튼튼한 그네가 드리워졌다. 우리 오빠들이 또 나를 위해 만들었단다. 그네를 신나게 타며 놀고 있는데 이제는 나무 위에 집을 만들어 준다고 했다. 평평한 나뭇조각을 들고 올라가 그 나무들 위에 올려놓으니 그럴 듯하게 나무 위의 평상이 만들어졌다. 오빠들이 만든 작품 위에 올라가 친구들과 놀면서 의기양양했다. 그때 나는 조금의 의심도 없이 오빠들이 날 위해 만들었다고 생각했다.

그런데 글을 쓰는 이 순간 '모험정신이 강한 개구쟁이 오빠들이 나를 임상실험 대상으로 여긴 건 아닐까' 하는 의구심이 살짝 드는 것은 왜일까? 하지만 군이 확인하지 않았다. 나를 사랑하는 오빠들이 나를 위해 장난감을 만들어 주고 아름다운 추억거리를 만들어 주어 풍요로운 어린 시절을 보내게 해주었다는 아름다운 추억이 한여름 밤의 꿈이 아니었다는 것만으로도 충분하기 때문이다.

~•~

어쩌면 그렇게 라면이 맛있을까? 꼬불꼬불한 면발도 신기하다. 엄마가 곳간에 라면 한 박스를 사다놓으면 쥐가 들락거리듯이 하면서 야금야금 라면을 훔쳐 먹곤 했다. 나중에 엄마가 새참을 준비할라치면 라면이 없어졌다면서 범인이 누구냐고 소리치곤 하셨다. 단 한 번도 범인을 잡지는 못하셨다. 내 기억에 잡힌 기억이 없으니까. 어느 날, 목이 아파 아무것도 먹지 못하고 끙끙 앓고 누워 있는 내게 엄마가 말했다.

"먹고 싶은 거 있으면 말해. 다 해줄게."

한동안 고민하던 나는 모기소리만큼 작게 주문했다.

"라면."

"뭐! 라면? 어머니! 얘 한 달 동안 아무것도 주지 말고 라면만 주세요."

그러면서 휑하니 나가는 오빠가 나는 너무 야속하고 미웠다.

"아니, 엄마가 먹고 싶은 것 해준다고 물어서 대답했는데 자기가 뭔데 화를 내고 난리야?" 나는 녹두죽을 쑤어 주시는 엄마한테 먹기 싫다며 '해주지도 않을 거면서 묻긴 왜 물은 거야' 하며 투정부렸다.

참 이상했다. 나는 왜 오빠가 화내며 떠난 뒷모습을 보며 '아픈 아이가 라면이 뭐야! 몸에 좋은 걸 먹어야 빨리 낫지. 영양가 있는 걸 해달라고 해야지. 겨우 먹고 싶은 게 라면이야?' 하는 소리를 들은 것처럼 기억할까?

추억의 앨범 4

중학교 때 버스를 타고 통학했던 나는 언제나 아침이면 허둥대며 바쁘게 등교 준비를 하곤 했다. 그러다 보니 나는 아침식사를 제대로 못하고 갈 때가 많았다. 밥을 먹여서 보내려는 엄마와 그냥 가려는 나의 줄다리기는 아침 등교시간마다 팽팽했다. 등교 때마다 엄마는 밥을 먹어야만 버스비를 주시곤 했다. 그럴 때마다 나는 물에 밥을 말아 마시다시피 하고 입안까지 검사를 받은 후에 겨우 버스비를 받곤 했다.

"자, 봐. 한 톨도 없지. 빨리 줘."

그날도 엄마가 쥐고 있던 그날의 버스비를 가로채듯 받아든 나는 학교를 향해 줄달음질했다. '그냥 주지 왜 항상 내 입안을 확인하고 주는 거야!' 하고 투덜거리면서 학교에 도착한 나는 그 돈을 매점 아주머니에게 넘겼다. 어느새 내 손에는 우유나 빵, 과자 등이 들려져 있었다.

나는 입맛이 까다로운 편이었다. 온 집안 식구들은 갓 버무린 김치들을 좋아해 수시로 겉절이를 맛있게 먹었다. 하지만 익은 김치를 좋아하는 나를 위해 엄마는 나만을 위한 김치를 작은 독에 따로 담아 부뚜막에 놓고 익혀 주셨다. 기름진 국물을 싫어하는 나를 위해 설날, 고기를 넣지 않은 떡국 한 그릇을 따로 끓여 주셨다. 생선구이를 좋아해서 고등어구이를 맛있게 먹었더니 끼니마다 고등어구이를 올려주셨다. 그래도 나는 틈만 나면 '밥 안 먹어' 하며 어깃장을 놓곤 했다.

어느 날, 동네 남자아이가 우리 교실까지 찾아와 '너희 엄마가 갖다 주래' 하면서 도시락을 넘겨주었다. "너 다음부터는 이런 심부름 하지 마" 하며 애꿎은 남자아이에게 면박을 주었다. 버스비를 무기로 밥을 먹이거나 교실까지 도시락을 배달하면서까지 밥을 먹이려는 엄마와 나의 실랑이는 멈출 줄을 몰랐다.

외할머니께서 우리 집에 다니러 오셨다. 여느 때와 같이 밥 안 먹기로 하루를 시작하는 나를 향해 '네가 꼭 네 어미 닮았구나!' 하시며 엄마가 어렸을 때 밥 한 끼를 먹이기 위해 할머니가 애쓰셨던 이야기를 해주셨다. "그렇게 내 속을 상하게 하더니 저랑 똑같은 딸로 인해 이제 내 속을 알려나?" 여유롭지 않은 경제 상황을 알면서도 유독 '밥 안 먹어'라는 말에 약한 엄마에 대한 궁금증도 그때 풀렸다. 할머니의 말씀을 듣고 나서 더욱 의기양양해진 나는 틈만 나면 '나 밥 안 먹어'를 외쳤다.

어느 날, 엄마는 나를 앉혀놓고 이야기하셨다. "엄마가 점심을 먹으려고 하면 '우리 막내딸은 점심을 굶고 있을 텐데 어미란 사람은 밥을 놓고 먹고 있네' 하는 생각에 밥이 목에 걸려 넘어가지 않더라." 그 말씀 한마디로 그동안 어떤 압박에도 흔들리지 않던 나의 강력한 무기인 '밥 안 먹어'를 내려놓고 자발적으로 백기를 들고 투항했다. 엄마의 완승이었다.

추억의 앨범 5

극심한 사춘기는 질풍노도와 같이 밀려왔다. 도저히 이 집에서 견딜 수가 없었다. 지독한 가난으로 단 한 번도 등록금을 기간 내에 납부한 적이 없었다. 등록금 미납자 명단에는 항상 내 이름이 올랐다. 나는 집에 가서 책임도 지지 못할 거면서 나를 낳았다며 엄마에게 악다구니를 쓰고 패악을 부렸다. 그럴 때마다 묵묵히 듣고만 있는 엄마의 모습도 정말 싫었다. 이 집만 벗어나면 모든 고통이 사라질 것 같았다. 어느 날, 가출하기로 결심하고 아침에 등교하는 것처럼 집을 나섰다. 학교에 가는 방향과 반대 방향을 향해 걷고 있는데 어떻게 알았는지 엄마가 쫓아오셨다.

"너 엄마가 싫어서 집을 나가려면 엄마가 해준 이 옷들이랑 신발도 벗어놓고 맨 몸으로 나가!"

"무슨 엄마가 그렇게 치사해요. 나가서 돈 벌면 옷값이랑 신발값 보내드릴게요!"

"아니, 돈은 필요 없고 옷만 벗어놓고 나가!"

"옷 벗고 어떻게 나가요?"

"그건 내가 알 바 아니고."

"엄마가 너무 치사하시네요!"

옷을 벗기려는 엄마와 벗지 않으려는 나는 길거리에서 한참 실 랑이를 벌였다. 둘 다 지쳐 녹초가 되어 길 옆에 있는 야트막한 산 모퉁이에 아무 말 없이 앉아 있었다. 엄마가 약간 흐느끼는 듯 울 먹이는 목소리로 이야기를 시작했다.

"내 나이 마흔 후반에 네 아빠의 3년 간 투병생활로 집안의 가 산을 모두 처분했다. 남은 것이라고는 8남매와 시어머니 그리고 빚이었지. 돌아가시는 순간 아무리 눈을 감겨드려도 감지 않던 네 아빠는 외지에 나간 아들이 마지막으로 돌아와 얼굴을 보일 때까 지도 눈을 감지 않아서, 눈에 손을 대고 '어머니와 자식들 끝까지 책임질 테니 걱정 말고 가시라'며 눈을 감겨드리니 그때 감으시더 라고…"

집에서 살림만 하던 엄마는 보따리장수도 해봤고 남의 집에 품 앗이 일도 하셨다. 하지만 엄마는 인기 있는 일꾼이 되지 못해 남 의 일을 맡아서 하는 것도 여의치 않았다. 많은 자식을 최소한 굶 기지 않고 교육시키려고 뼈가 부서지도록 애썼다. 너무 힘들어 죽 고 싶었지만, 어린 자식들과 늙은 시모를 두고 죽을 자유도 없었 다. 자식들에게 잘해 주고 싶은 마음은 굴뚝같지만, 도저히 그럴 형편이 안 된다며 소나무를 붙잡고 통곡하셨다.

그 말을 듣고 그동안 쌓인 모든 설움과 오해들이 봄눈처럼 녹 아내렸다. 나는 엄마의 들썩이는 어깨를 붙잡고 하염없이 같이 울 었다. "진작 그런 말씀을 해 주시지 그랬어요…"라고 하자 "그런 얘기를 어떻게 하니?"라고 하셨다. 내 인생의 사춘기는 그렇게 막을 내렸다. 나는 이렇게 힘든 엄마를 나로 인해 더 이상 힘들게 하지 않아야겠다고 결심했다. 그날부터 나는 엄마에게 존댓말을 사용했다. 이 세상 그 어떤 위인과 영웅도 우리 송예순 여사와는 게임이 안 된다. 20여 년이 흐른 뒤 엄마는 말씀하셨다.

"오늘로 네 아버지가 주고 간 빚 다 청산했다."

"엄마! 정말 왜 그러세요? 자식들과 나눠서 갚았으면 진즉 해결했을 텐데 왜 그 무거운 짐을 혼자서…"

5 ꕤ 꼭 한 번, 다시 만나고 싶은 사람

1

중학교 3학년 때 담임선생님이 참으로 그립다. 수업 중에 졸고 있는 친구가 있으면 선생님은 이렇게 말씀하셨다. "○○야! 너 점심 때 먹은 도시락 있지. 그 도시락을 바닥에 놓고 발뒤꿈치로 힘껏 밟아 버려. 그러면 많이 찌그러들겠지. 내일부터는 그 도시락에 점심밥을 싸 오도록 해라. 알겠지?"

"○○야! 지금 일어나서 우리 교실이 있는 건물 뒤로 가면 빨간 벽돌로 된 벽이 보일 거야. 그러면 그 벽에서 최대한 뒤로 멀리 가서 벽을 보고 네가 뛸 수 있는 최대한 빠른 속도로 전력 질주해서 머리를 빨간 벽돌에 박아 버려. 알겠지?"

선생님의 이야기를 듣고 우리는 책상을 치고 마음껏 소리치며 웃곤 했다. 선생님도 한참 같이 웃고 나면 분위기가 정돈되어 다시 수업을 진행하셨고, 우리도 집중할 수 있었다. 어느 날, 수학시험을 보고 난 뒤 답을 확인해 보니 맞았다고 생각했던 문제가 틀렸다고 채점이 되어 있었다. 나는 시험지를 들고 교무실로 찾아갔다.

"선생님! 이 문제 답이 맞았는데 왜 틀렸다고 채점하셨어요?"

"야, 임마! 답을 도출하는 과정이 틀렸잖아! 답만 맞는다고 정답이 아니야."

"그런 게 어디 있어요. 모로 가도 서울만 가면 되는 거 아녜요? 답이 맞다니까요?"

"이 녀석아! 수학은 과정이 정확하게 일치해야만 정답이야. 너 계속 고집 부릴래?"

나는 계속 그 자리에 서 있었다. 선생님은 웃으면서 "너 그 문제 틀렸어" 하시며 빨리 교실로 가라고 재촉하셨다. 교실에 돌아와서도 한참 씩씩거리며 선생님이 옳지 않다고 생각했다. 그때 그 영향을 받아서일까. 어느새 나는 원하는 결과도 중요하지만, 과정을 중시하는 사람이 되었다. 비록 원하는 결과를 얻지 못하더라도 말이다.

2

고등학교 지원서를 작성하던 때가 기억난다. 입학원서가 한 장밖에 없다며 온 신경을 집중해서 작성하던 그때 '정광화'라고 쓰시는 게 아닌가.

"선생님! 제 이름을 틀리게 쓰셨는데요."

"그래, 알았어."

선생님은 30센티미터 자를 대고 빨간 볼펜으로 두 줄을 그어

수정한 다음 다시 작성하셨다. '정강화.'

"선생님! 또 틀렸어요. 저는 '정광하'라고요."

"야! 네 이름은 왜 이 모양이냐. 내가 잘못한 게 아니라 네 이름이 이상한 거야. 네 이름은 너무 어려워. 네 이름은 입을 조그맣게 벌리면 불러지지도 않아"라고 하셨다.

'…'

한참을 긴장하고 있다가 심혈을 기울여 마지막으로 한 글자 한 글자 정확하게 확인해 가며 작성해 두 번의 수정 끝에 완성할 수 있었다. 물론 나는 그때 입시원서를 썼던 그 고등학교에 진학했다. 졸업 시즌이 다가오자 선생님께서는 졸업 선물은 절대 사양하신다며, 만약 선물할 경우 졸업장도 주지 않을 것이고, 졸업식 마친 후 교실에도 들어오지 않겠다고 선언하셨다.

반장과 나는 많은 고민 끝에 앨범을 하나 준비하고 우리 반 아이들 모두 사진 한 장씩 제출하도록 했다. 그동안 선생님께서 들려주신 주옥 같은 유머들을 수집해서 사진들마다 어울리게 배열해 편집했다. 졸업식 날 우리가 만든 그 앨범을 드렸을 때 선생님은 참 기뻐하셨다.

고등학교에 다니던 어느 날 가장 친한 친구와 선생님 댁을 방문한 적이 있었다. 선생님이 집에 안 계셔서 뵙지는 못했다. 선생님은 가끔 앨범을 들여다보면서 "하, 고놈들 참, 하하하. 야! 이놈들 봐라" 하며 웃으신다고 집에 있던 따님이 전해 주었다. 그 이야기를 듣고 나니 선생님을 뵙지 못하고 나오는 길이 못내 아쉬웠다. 이 순간도 그 선생님이 간절히 뵙고 싶다.

6 내 인생의 전환점

내 인생을 두 갈래로 나눈다면 복음을 알기 전의 삶과 복음을 알고 난 후의 삶으로 구분된다. 복음을 알기 전의 삶은 항상 긴장의 연속이었다. 긴장 상태 속에서 생활했고 하루 6시간 이상 잠을 잔 날이면 자책했다. 시간을 잃어버렸다는 생각이 들었기 때문이다. 항상 쫓기는 듯한 삶을 살았던 20대는 불안의 연속이었다. 삶에 대한 희망도 없었다. 상실감과 방향을 잃은 부표 같은 생활의 연속이었다.

나 자신이 무엇을 원하는지도 모른 채, 분주하게 이리저리 뛰어다녔다. 세상에 나만 힘들고, 나만 희망이 없고, 나만 광야 속에 사는 것 같았다. 그러면서도 기를 쓰고 이런 삶에서 벗어나려 부단히 노력했다. 유망자격증 공부를 해서 자격증들을 취득했다. 그러나 자격증들을 취득했다고 마음속 텅 빈 곳간이 채워지는 것은

14,000명을 살린 기적의 배, 메러디스 빅토리호

영화 〈국제시장〉에는 1950년 겨울, 피란민들이 흥남 부두에서 배에 오르는 긴박한 장면이 나온다. 그 당시 흥남 부두에 모인 사람은 20만 명이 넘었다. 군 병력 10만 명에 피란민 10만 명, 차량은 17,000대, 군수물자도 35만 톤이나 있었다. 바다에선 군용선과 민간 선박 193척이 대기하고 있었다. 철수 대상은 군인과 한국인 군무원, 그리고 북한 정권에 처형당할 우려가 있는 민간인에 한정됐다.

피란민들은 두렵고 초조한 표정으로 부두에 모여 배를 기다렸다. 12월 23일 새벽, 7,600톤급 화물선 메러디스 빅토리호(Meredith Victory)는 이날 14,000명을 태우고 흥남을 탈출했다. 흥남 해상에는 소련과 북한이 뿌려 놓은 기뢰 4,000개가 깔려 있었고 민간 선박인 배에는 탐지 장치가 없었다. 비상시 교신도 불가능했고, 호위함도 없었다.

배는 12월 25일 아침 800킬로미터 바닷길을 지나 경남 거제도 장승포항에 입항했다. 사망자, 실종자, 부상자 한 명 없이 피란민 14,000명을 전시(戰時)에 구출해 낸 기적의 항해가 끝났다. 오히려 새 생명이 다섯이나 태어났다. 여기서 태어난 첫 아기를 선원들은 김치라고 불렀다. 그때 김치 파이브로 태어난 이가 이석초 부부의 아들 이경필이다. 메러디스 빅토리호는 기네스북에 '단일 선박으로 최다 인원을 구출한 선박'으로 등재됐다.

이 부부는 장승포 언덕 위에 움막을 지었다. 남편은 항구에 평화사진관을 차렸고, 아내는 평화상회를 열었다. 다른 피란민들이 하나 둘 육지로 떠났지만 이 부부는 섬을 지켰다. 아들 경필은 수의사가 됐을 때 "섬으로 꼭 돌아오라"는 아버지의 부탁대로 그곳에 평화가축병원을 열었다.

"그때 갈 곳 없이 서 있는 사람들을 구출하는 사람이 없었다면 제 가족은 없었겠지요. 그래서 라루 선장, 포니 대령, 현봉학 박사와 김백일 장군에게 감사합니다. 아버지께서 생전에 그렇게 평화와 감사에 매달리신 이유, 섬을 떠나지 말라는 이유를 잘 알고 있습니다. 제가 태어난 배가 정박한 항구에 작은 기념공원이 있었으면 좋겠습니다. 그 기적과 고마움이 잊혀지기 전에요."

― 2015. 4. 10 〈조선닷컴〉 기사 참조

아니었다. 또 다른 채울 거리를 찾아 어슬렁거리는 하이에나처럼 끊임없이 방황하며 정착할 곳을 찾았다.

인생의 가장 큰 고비를 만났을 때 지인의 안내로 교회를 찾았다. 나는 그동안 기독교인들을 비난해 왔다. 보이는 부모 형제에게도 잘하지 못하면서 보이지 않는 신을 믿느냐며 조롱했다. 그런데 어느 날, 이런 생각이 들었다. '세상에 그 많은 사람들이 내가 생각하는 것을 생각하지 않았을 리가 없는데 도대체 그들은 무엇을 보았기에 예수를 믿는가?' 갑자기 그것이 궁금해졌다.

'세상에 나보다 잘나고 똑똑한 그들이 무엇인가 보았고 확신이 들었기에 창조주를 믿고 그분의 말씀에 따라 살려고 하는 것은 아닐까?' 하는 생각이 들었다. 하지만 꼭 교회에 가고 싶다고 생각한 것은 아니었다. 그 뒤 교회로 인도한 K권사님의 전화를 받으면 자연스럽게 교회를 향해가고 있는 나를 발견했다. 기독교가 어떤 종교인지 알고 싶어졌다. 하나님이 살아 계신지 궁금하고 어떤 분인지 알고 싶고 만나고 싶었다.

신앙생활을 시작하고 나서 내 생활은 완전히 바뀌었다. 환경은 하나도 바뀌지 않았는데 날마다 콧노래가 나오고 미소가 터져 나왔다. 날마다 살아가는 것이 버거운데도 입에서는 감사와 찬양이 흘러넘쳤다. '이상한 집단의 속임수에 속은 것은 아닐까? 혹시 최면에 걸린 것은 아닐까?' 하는 의구심이 들기도 했다. 하지만 어찌 되었건 내 삶은 완전히 변하기 시작했다. 이상한 일이었다. 감사하다는 말을 수시로 했다.

물론 지금도 그 누군가 나를 보고 "믿음이 있는 사람이라고 못

느끼겠는데"라고 할지도 모른다. 하지만 내가 복음을 알기 전과 주님을 나의 구주로 영접한 이후의 삶은 확실히 다르다. 지금도 복음을 전해 준 그분께 감사하다. 그 복음을 받아들이고 입술로 시인한 내가 대견스럽기까지 하다. 평생의 소원이 있다면 아직 예수 그리스도를 구주로 영접하지 않은 많은 사람들에게 내가 걸림돌이 되지 않는 삶을 살기를 소망한다.

누군가는 나를 향해 "예수 믿는다면서 사랑이 없다"고 말한다면 나는 이렇게 말한다. "예수 믿기 전에는 교만 덩어리였지만, 그래도 예수 믿고 사람이 되어가고 있는 거예요. 예수 믿고 겸손의 흉내라도 내면서 살아가려고 부단히 애쓴다고요. 날마다 나를 사랑하는 그분을 닮은 삶을 살려고 노력하고 있어요."

내가 가장 절망적이라고 생각했을 때, 도저히 살 소망이 없다고 생각했을 때, 사면이 벼랑 끝이라고 생각했을 때, 숨 쉬는 것이 고통이라고 느껴졌을 때, 한 줄기 빛으로 다가온 복음을 내가 받아들인 것이 내 인생의 가장 큰 전환점이 되었다.

7 나를 춤추게 하는 말

사람은 말로 위로 받고 소망을 발견하지만, 한편 말로 상처도 받는다. 면역력이 약할 때 병균의 침입을 받으면 우리 몸은 병균에게 주도권을 넘겨주고 앓는다. 마음의 면역력인 '정체성과 자존감'이 낮을 때 우리는 말 한마디로 좌절하고 상심한다. 이 얼마나 놀라운 일인가?

말 한마디가 사람을 살린다. 나를 춤추게 하는 말은 무엇일까? 나를 인정해 주는 말, 나를 위로해 주는 말, 나를 격려해 주는 말, 나를 칭찬해 주는 말, 나를 존중해주는 말들이 나를 춤추게 한다. 그 어떤 말보다 '사랑해', '네가 있어 힘이 나', '너를 신뢰해', '너랑 함께해서 기뻐', '너로 인해 위로가 돼' 등의 말을 들으면 힘이 난다. 지시적인 말보다는 의뢰형의 말을, 비난하는 말보다는 칭찬하는 말을 들었을 때 기분이 좋아진다.

이것을 모를 리 없지만 무심코 지적하고 비난하는 부정적인 말로 인해 사람들은 상처받는다. 칼로 베인 상처는 흔적을 남기지만, 말로 받은 상처는 뼈에 또는 가슴에 새긴다는 말이 있다. 그만큼 말로 받는 상처가 크다는 것이다. 외부의 상처는 내가 챙기지 못하더라도 타인들이 발견하고 돌봐줄 수도 있다. 말로 받은 마음속 상처는 자신이 드러내지 않으면 아무도 모른다. 아이를 돌보는 엄마는 울지 않는 아이를 보면 '우리 아이는 참으로 순해'라고 말한다. 그 아이에게 물어봤는가? 정말 순해서 울지 않는 것인지.

누군가에게 위로와 격려가 되는 말, 지지해 주는 말들을 하고 싶어도 평소에 훈련되지 않으면 그 말이 바로 나오기 어렵다. 나를 기쁘게 하는 말이 무엇인지 알아야 되고, 나를 슬프게 하는 말이 무엇인지도 알아야 한다. 나는 어떤 말들을 들을 때 기분이 좋을까? 곰곰이 생각해 본다.

"너는 참 열정적이구나."

"난 네가 좋아."

"널 만난 게 선물이야."

"너랑 있으면 힘이 나."

"넌 꼭 필요한 사람이야!"

평소에 내가 자주 하는 말의 습관들을 떠올려 본다. 나는 어떤 말을 많이 하고 사는가? 농담이나 쓸데없는 말과 거짓말들을 자주 하며 살아가는가? 경건하고 정결한 말, 정직한 말을 하며 살아가는가? 나는 만나는 사람을 기분 좋게 하고, 사람을 세워주는 말을 자주 하려고 노력한다. 말하기는 쉬워 보이지만, 평소에 표현하는 훈련이 잘 되어 있지 않으면 마음은 있어도 겉으로 그냥 지나치기 쉽다.

'정말 예쁘다. 누굴 닮아 이렇게 예쁠까?'
'인사를 잘하는구나. 참 예의바른 친구네.'
'네가 웃는 모습이 참 기분 좋아.'
'친구들한테 인기 많지?'
'성적이 올랐네. 열심히 하는구나.'
'살 빠졌네요.'
'헤어스타일이 잘 어울리는군요.'
'패션 감각이 뛰어나시네요.'
'어쩜 이렇게 음식솜씨가 좋으세요.'
'자네랑 함께하게 돼서 기쁘네.'

사람을 기분 좋게 하는 말들을 자연스럽게 할 수 있게 되면 그다음에는 보이지 않는 내면을 칭찬하는 훈련을 해보자. 주변에 있는 사람들에게 상처 주는 말보다는 힘이 되고 격려하는 말을 해줄 수 있을 것이다.
"너는 존재 자체만으로도 힘이 되는 사람이야."
"얼마나 멋진 사람으로 성장할지 기대해도 되지."
"꼭 이 사회에 필요한 리더가 되어라."
하지만 주의할 것이 있다. 내가 나 자신을 다 알지 못하듯 타인을 다 알지 못한다. 상대방을 기분 좋게 하기 위해 거짓말을 하라는 것은 아니다. 항상 진실을 말해야 한다. 사람을 살리는 말은 내가 하지만, 듣는 당사자도 참인지, 거짓인지 안다. 누군가 나를 인정하고 존중해주는 말, 격려해주는 말, 지지해주는 말들이 나를 기분 좋게 한다.

"너라면 믿을 수 있어!", "너랑 함께하면 힘이나", "너는 항상 사람의 장점을 보더라", "그런 긍정적인 면이 정말 좋아"라는 말을 들으면 기분이 좋다. 정말 잘 살고 있는 것 같고 노력한 것을 인정받은 것 같아 기분이 좋아진다. 누군가에게 기분 좋은 말을 하고 긍정적인 에너지를 공급하는 사람이 되려고 오늘도 한 걸음을 내딛는다.

8 누구와 함께 여행을 떠날까?

'브하그완'이 정의한 여행이란 다음과 같다. "여행은 그대에게 적어도 다음 세 가지의 유익함을 가져다줄 것이다. 첫째로 타향에 대한 지식이고, 둘째로 고향에 대한 애착이며, 셋째로 그대 자신에 대한 발견이다."

여행은 다리가 떨릴 때 가는 것이 아니고 심장이 떨릴 때 가는 것이란 말이 있다. 여행에 대한 당신의 생각은 어떤가? 혹자는 말한다. "스트레스를 받으면 여행을 떠나라. 그 여행지에 그동안 받았던 모든 스트레스를 묻어두고 돌아오라."

아이러니하게도 '나는 스트레스 없다'고 하는 말 또한 다른 사람에게는 스트레스라고 한다. 애써 스트레스 없는 척하고, 살아갈 뿐이다. 사람들은 자신의 스트레스를 해결하려 타인에게 심리적으로 압박하고 전가하기도 한다.

여행은 잠자는 오감을 깨울 수 있는 좋은 방법이다. 아름다웠던 어린 시절로 돌아가기도 한다. 그럼에도 여행이란 단어가 주는 어감은 왠지 큰 용기가 필요할 것 같다. 그래서 계속 뒤로 미루기도 한다. 그런데 "여행이란 가고 싶은 곳이 생기면 즉시 짐을 꾸려 떠나는 것"이라고 말하는 사람도 있다.

나는 학교 다닐 때 떠났던 수학여행, 호기심과 역사의식 고취를 위해 탐방여행을 다녀온 게 고작이었다. 그 뒤 발길 닿는 대로 떠나본 것이 남해 일주였다. 땅 끝 마을이라는 곳이 어떻게 생겼을까 정말 궁금했다. '어린 시절 지구가 둥글다고 했는데, 낭떠러지처럼 생긴 것은 아닐까.' 땅 끝이 정말 있는 줄 알았다. 사실을 확인하고 나서 어처구니가 없었지만 말이다. '여기가 땅 끝 해남입니다'라는 팻말을 보고 왠지 실망스러웠다. 어쩌면 내가 땅 끝이라는 상상을 어린아이 수준만도 못하게 하고 있었을까?' 하는 생각이 들어 헛웃음이 나왔다.

남해 바다색은 얼마나 맑고 푸른지… 동해에서 활력과 에너지가 느껴진다면 남해에서는 청아함과 편안함을 선물로 받은 느낌이다. '우리나라에도 이렇게 멋진 바다가 있었나 싶었다. 혼자 떠나는 여행도 좋지만, 함께 가고 싶은 사람과 같이 갔을 때 진정한 여행의 묘미를 더 느낄 수 있지 않을까 싶다.

엄마와 동생과 함께 외할머니를 모시고 온천에 다녀온 적이 있었다. 온천에 가서 마음을 다해 외할머니를 씻겨 드렸다. 외할머니는 주변 사람들에게 외손녀가 이렇게 나를 씻겨 준다고 자랑하시며 기뻐하셨다. 친할머니는 중학교 때부터 몸을 여러 번 씻겨 드렸다. 외할머니는 한 번 씻겨 드렸는데도 매우 기뻐하셔서 쑥스러우면서도 한편 기분은 좋았다. 그로부터 얼마 지나지 않아 외할머니는 소천하셨다. 그때 외할머니와 함께 여행을 다녀오길 잘했다는 생각이 들어 두고두고 감사하다.

온천여행을 그렇게 좋아하시던 외할머니의 마지막 모습이 기억난다. 친할머니와는 20여 년간 함께 살면서 소소한 기억들이 많지만, 외할머니는 자주 뵙지 못해 추억이 별로 없다. 온천여행은 외할머니와 처음이자 마지막 여행이 되었고, 평생 아름다운 여행으로 기억하고 있다.

요즘 사람들은 해외여행을 많이 떠나는데, 나는 외국이라고 해야 기껏 사이판과 중국을 다녀온 것이 전부다. 거창한 계획을 세워 꼭 외국으로 떠나야만 멋진 여행은 아닐 것이다. 우리나라에도 갈 곳이 많다. 제주도에는 10여 차례 갔는데, 갈 때마다 다른 느낌을 선물로 받았다. 이 땅에서 하늘나라로 이사하는 날까지 전국 각지를 돌아볼 수 있으면 좋겠다. 여행은 장소도 중요하지만, 누구와 함께 가느냐가 중요하다. 당신이 진정 가고 싶은 곳과 함께하고 싶은 동반자는 누구인가? 지금 그 사람과 함께 여행을 떠나 보자.

9   지금 이 순간이 마지막이라면

영원한 삶을 꿈꾸었던 진시황제도 이 땅을 떠났다. 인간을 포함해 생명을 가진 모든 동식물들은 언젠가 마지막 순간이 온다. 그런데 우리는 때로 인생이 무한할 것 같은 생각에 사로잡히거나 과거나 미래에 함몰되어 지금 이 시간의 삶이 마지막이 될 수도 있다는 생각을 잊어버리기도 한다. 지나치게 지난 일에 대해 집착하거나 다가오지 않은 미래를 생각하느라 지금 이 순간 삶을 누리지 못하는 사람들이 많다.

하지만 지금 이 순간 삶이 얼마나 소중한지 아는 것만으로도 우리는 또 다른 삶을 살게 된다. "지금 마지막 순간이라면 당신은 무엇을 하겠습니까?"라는 설문조사를 했더니 많은 사람들이 이렇게 대답했다.

"부모님, 가족들과 함께 식사하며 보낼 거예요."

"그동안 미뤄왔던 여행을 가족과 함께 떠날 거예요."

"친구에게 전화해서 미안하다고 할 거예요."

"가족에게 사랑한다고 말할 거예요."

"가족과 친구들에게 고마웠다고 말할 거예요."

사람은 유한한 존재라는 것을 알지만, 내일이 언제나 존재할 것이라 생각한다. 가상 죽음을 체험해 본 적이 있다. 나는 모든 장기와 사후 시신까지 기증한 상태라 관에 누워 있을 때 그런 생각을 했다. '내가 죽었을 때 활용할 장기가 없다고 하면 어떡하지? 만약에 다시 살 기회가 주어진다면 몸과 마음을 잘 관리해서 삶을 마무리할 때 사용될 장기들이 많았으면 좋겠는데…' 체험을 마친 후 서로의 생각들을 나눴다. 내가 생각했던 마음을 표현했더니 강사가 "거짓말이라며 마지막 순간에 무슨 그런 생각을 하느냐"며 핀잔을 주었다.

강사는 내가 이미지 관리하려고 그런 얘기를 한 것이라고 단정했다. 어처구니가 없었다. 내가 그런 생각이 들었다는데 그럴 리가 없다며 부정하는 강사에게 더 이상 말하지 않았다. 인생의 마지막 순간이 된다고 해서 모든 사람이 동일한 결과를 내놓아야 한다고 생각하지 않는다. 매순간 마지막 순간인 것처럼 살 수 있다면 조금 더 풍요롭고 화평한 삶을 살게 되지 않을까 하는 마음이다.

오늘 해야 할 일을 미루지 말고 지금 표현해 보자. "미안하다, 고맙다, 사랑한다"고 말해 보자. 이 세상의 모든 생명들은 유한하다. 무한한 존재가 단 하나도 없다. 내일이 온다는 보장이 있는가? 지금 나는 처음이자 마지막 내 인생을 살고 있다.

10 다른 차원의 삶을 살아가려면

나는 살아가면서 높은 현실의 벽에 부딪힐 때마다 인간은 참 연약한 존재라는 것을 실감했다. 감당하기 어려운 시련에 직면했을 때 '이것은 내가 해결할 수 없는 문제구나' 하고 나의 한계를 인정했다. 나는 그때 하나님을 만났다. 시련 속에서 하나님을 찾은 것은 지금까지 내가 한 일 중에 가장 잘한 선택이었다. 하나님께서는 나와 대화하기 위해 고난을 통해 다가오셨다. 고난은 나를 부르시는 하나님의 사인(sign)이었다.

지금도 어떤 문제가 생기면 하나님을 찾아가 그분께 지혜를 구한다. 그럴 때 고난 가운데서도 독수리처럼 바람을 타고 날개 치며 창공을 날아오를 수 있다.

살다 보면 모든 일이 순조롭게 잘 풀리는 때도 있지만, 비바람이 불고 풍랑이 이는 바다에 떠 있는 조각배처럼 위기를 만날 때도 있다. 인생에서 일어나는 모든 일을 이성과 지성으로 극복하는 것은 한계가 있다. 사람은 불완전한 존재이기 때문이다.

지금 힘드십니까?

인생의 방향을 잃었습니까?
칠흑같이 어두운 상황에 빠져 있습니까?
세상이 원망스럽습니까?
부모님이 원망스럽습니까?
배우자가 원망스럽습니까?
자녀가 고통스럽게 합니까?
건강을 잃었습니까?
직업을 잃었습니까?
살 소망을 잃었습니까?
숨 쉬는 것조차 고통스럽습니까?
절대자를 찾으시기 바랍니다.

그 절대자는 처음부터 당신을 선택하셨습니다.
그 절대자는 처음부터 당신을 잡고 계셨습니다.
그 절대자는 한 번도 당신을 포기한 적이 없으십니다.
그 절대자는 당신을 사랑하십니다.
당신은 그 절대자의 행보에 따라 가시면 됩니다.
당신의 삶에 안내자가 될 것입니다.
영원토록 당신과 동행할 것입니다.
삶의 여행이 끝나 세상을 떠나는 그 순간까지 단 한시도 당신을 떠나지 않고
함께하심을 믿으시기 바랍니다.
놀라운 일이 생길 것입니다.
당신의 삶이 향기가 나고 빛을 발하게 될 것입니다.

그래서 절대자에게 귀의하는 것이 필요하다. 절대자의 인도하심을 따라 살아갈 때 상상할 수 없는 놀라운 경험을 하게 된다. 그분과 동행하면 시련과 고통을 능히 헤쳐 나올 힘과 지혜가 생긴다. 한 차원 다른 삶을 살게 된다.

자아존중감을 높여 마음과 몸의 균형을

자연치료의학회 서재걸 회장은 『당신의 몸 안에는 100명의 의사가 있다』(2008년)는 책을 통해 자연치료법을 발표했다. 이 책에는 올바른 영양 공급을 통해 다양한 질환들을 스스로 해결할 수 있을 뿐 아니라 '정신과 몸의' 균형을 유지하는 것이 얼마나 중요한지 알려주고 있다.

우리 몸은 자연치유력을 가지고 태어났다. 때문에 이 자연치유력을 높이는 것이 매우 중요하다. 자연치유력은 몸 안에 형성된 면역력에 정신 혹은 마음의 작용이 중요한 소스로 작용하는 총체적인 자가복구시스템을 일컫는다. 우리는 대부분 몸이 아프면 약을 먼저 찾고 약을 권한다. 하지만 약으로 치료하면서 힘들어하고 부작용이 생기는 사례가 많다. 약이 꼭 필요하지만 현대의학은 증상을 억제하는 데 중점을 두기 때문에 분별력을 가지고 사용해야 한다. 그 증상이 왜 생겼는지 밝혀 보는 것이 해결책을 찾는 방법이기도 하다.

가령 요통이 심한 경우 무조건 수술해야 한다는 소견도 있지만, 새로운 치료방법을 제시하는 의료진도 있다. 최근 척추운동의 새로운 패러다임을 제시한 교수가 있어 화제다. 디스크를 망가뜨리지 않고 간단한 운동요법으로 허리 근육을 강화하여 요통을 치료하는 방법이다. 정선근 서울대학교 의대 재활의학과 주임교수님이 제안한 운동은 "자연 복대를 차라"는 것이다. "이 운동을 한 요통환자의 98퍼센트가 통증 감소" 효과를 냈다고 밝혔다.

이처럼 한 사람이 건강하고 즐거운 삶을 오랫동안 유지하려면 자아존중감을 갖는 것이 중요하다. 부족한 부분을 고치거나 보충하고 외부의 자극에 의존하는 방법은 일회성에 그치거나 쉽게 지칠 수 있다. 하지만 스스로 자아존중감을 찾아 개발하고 충전시키다 보면 자신이 원하는 삶을 살아가는 데 도움을 받을 확률이 높다. 자아존중감을 찾고 자가 충전할 수 있다면 그 효력은 외부의 그 어떤 자극보다도 강력하고 오래 지속하는 것이 가능하다.

그러기 위한 방법 중 '나는 누구인가? 나는 어떤 사람인가? 나는 정말 행복한가?'라는 질문을 스스로 하고 답해야 한다. 이 질문의 핵심인 정체성은 타인이 대신 찾아주지 않는다. 아니, 찾아줄 수 없다. 나는 그 누구와도 다르기 때문이며, 이 세상에 오로지 한 사람밖에 없는 유일한 존재이기 때문이다.

나는 누군가의 계획 아래 부모님의 자녀로 태어났다. 하지만 잉태되는 순간부터 기대와 사랑과 축복을 받는 사람이 있는가 하면, 그렇지 못한 사람도 있다. 어제보다는 조금 더 나은 모습으로 성장하기도 하지만, 그렇지 못한 사람도 있다. 신체나 정신 발달이 더디거나 부모와 주변 환경의 영향에 따라 다를 것이다.

'지식을 많이 알면 행복할까? 물질을 많이 가지면 행복할까? 권력을 가지면 행복할까? 명예를 가지면 행복할까? 건강만 있으면 행복할까?' 정말 단순한 질문이지만 쉽게 답변할 수 없다. 여기에 대한 답은 다음과 같다. '내가 나를 인정하고 수용하고 존중하면 된다. 내가 인생의 주인공으로 살면 된다. 내가 삶을 가치 있게 살았다고 인정하면 된다. 분명한 정체성을 갖고, 가족과 동료와 친구들과 더불어 잘 살면 된다.'

생각으로는 우주까지도 갈 수 있고, 높은 빌딩도 짓고 허물 수 있다. 하지만 자신의 행동이 바뀌지 않으면 벽돌 한 장도 움직일 수 없다. 공부를 잘하려면 공부하는 방법을 알아야 하는 것처럼 자존감이 회복되고 타인과의 관계가 치유되려면 회복하는 방법을 알아야 한다.

우선 언어, 비언어, 마음을 조율하고 에너지 공급원인 내면의 보물찾기를 하자. 지난날 내가 살아온 삶 속에서 긍정에너지를 찾아 자가 발전기를 가동하여 가치 있는 삶, 보람 있는 삶이 끊임없이 선순환하도록 하면 된다. 당신의 삶은 당신만이 튜닝할 수 있기 때문이다. 자 이제 시작해 보자! 웰튜닝!

웰튜닝으로 행복 찾기

웰튜닝은 자존감 회복 프로그램

해가 바뀔 때마다 사람들은 새로운 결심을 하고, 변화를 꿈꾼다. 하지만 작심삼일에 그치기 일쑤다. 어떻게 해야 근본적으로 변화할 수 있는지 잘 모른다. 바로 그 변화의 방법을 몸과 마음으로 체득해 자가 발전할 수 있는 마음 엔진을 갖는 것이 이 프로그램의 특징이다.

성공한 사람들의 사례는 전국에 넘쳐난다. 하지만 그 성공사례를 따라 할 수 없는 경우가 허다하다. 왜냐하면 나는 그가 아니기 때문이다. 나는 전세계에서 유일한 존재이므로 나만이 할 수 있는 방법을 찾아야 하는 것이다. 성공했다는 사람들의 방법과 그 길을 통해 정보를 얻을 수는 있다. 하지만 참고할 뿐이다. 나라는 원석을 영롱하게 빛나는 존재로 디자인하고 커팅하는 것은 나 스스로 해야 한다. 그것이 근본적인 변화를 위해 더 쉬운 방법이기 때문이다.

흔히 인생을 마라톤에 비유하는데, 일 년 365일 똑같은 날은 단 하루도 없다. 날마다 그 속에서 살아가는 사람들이 느끼는 체감온도가 다 다르다. 이처럼 웰튜닝에 참여하는 사람들은 모두가 다르게 각자의 방식대로 느끼고 체험한다. 가장 나다운 모습과 나다운 방법을 각자 찾게 된다. 자신을 사랑할 준비가 된 모든 사람은 웰튜닝이 가능하다.

1. 왜 지금 이 프로그램이 필요한가?

인간의 수명은 100세 시대를 향해 가고 있다. 이러한 장수시대에 진정 필요한 것은 무엇일까? 건강과 재정적 준비도 필요하지만, 궁극적인 장수 요건 중 가장 중요한 것은 좋은 인간관계를 유지하는 것이다. 즉, 혼자 사는 세상이 아니라 사회적 관계망을 잘 구축하는 것이 무엇보다도 중요하다. 1인 가구가 늘어나는 요즘 돌연사, 고독사 등 관계 단절로 인한 폐해가 속출하고 있다.

그리스의 이카리아 섬은 세계에서 장수마을로 손꼽힌다. 그 섬 주민들의 장수요인 중 첫 번째 요인은 사람들과의 돈독한 관계인데 이로 인해 스트레스 지수가 현저히 낮다고 한다. 카네기 공과대학에서 '만 명'의 사람들을 대상으로 자신이 성공했다고 생각하는 이유를 분석한 결과 15퍼센트는 전문적 기술과 뛰어난 두뇌 덕분에 성공했다고 답했다. 85퍼센트는 자신의 성격과 사람을 잘 다루는 능력이 좋아서, 즉 인간관계가 좋아 그 덕분에 성공했다고 말했다.

모든 일의 시작과 중심, 끝에는 사람이 있다. 사람 때문에 상처받고 우울하고 낙심하기도 하여 삶의 끈을 놓아 버리는 경우가 있다. 그런데 아이러니한 일은 사람 때문에 기쁘고 위로가 되고 희망을 발견하며 살 소망을 찾는다는 것이다. 그 사람 즉, 한 사람이 중요하다. 대한민국의 많은 사람들이 불행하다고 한다. 아파서 견딜 수가 없다고 외친다. 나는 살 가치가 없다고 자신의 삶을 놓아버린다. 많은 심리학자들이 사람의 마음을 연구하여 행복해지는 다양한 해법을 내놓아도 사람들은 여전히 행복하지 않다.

전쟁 후 폐허가 된 이 땅에서 약 50여 년 만에 경제 강국을 이룬 대한민국은 2014년 전세계에서 경제순위가 13위인데 비해 행복지수는 135개국 중 74위다. 재물이 행복 순이라면 지금 대한민국은 상위권으로 행복해야 하는데 이상하지 않은가? 지식이 행복을 가늠하는 중요한 것이라면 대학 진학률이 70퍼센트를 넘는 우리의 행복지수가 그토록 낮은 이유가 무엇이란 말인가?

이러한 문제의식을 가지고 웰튜닝(마음 조율) 프로그램을 개발했다. 이 프로그램은 진행자가 원하는 스타일로 몰아가는 것이 아니라, 모두가 주인공으로서 자발적이고 능동적인 참여를 하는 것이 특징이다. 이 프로그램 진행자는 참여자들에게 어떤 에너지를 주지 않고, 스스로 내면의 에너지원을 찾아갈 수 있도록 안내만 한다.

변화의 주체인 참여자가 처음엔 무표정하고 쭈뼛거리다가 시간이 흐르면서 점점 부드럽게 변화되는 것을 보게 된다. 참여자들은 자신의 내면을 깊이 들여다보도록 동기를 부여받고, 자신 안에 무궁무진한 에너지원의 보고가 있다는 것을 발견한다. 이와 함께 지금까지 겉으로 보고 판단했던 타인에 대한 자신의 생각이 오류가 많다는 것을 깨닫는다. 그래서 타인을 바라보는 시각이 관대하게 바뀌며 타인을 인정하고 존중하게 된다.

진행자는 "무릎을 맞대고 따뜻한 눈으로 상대방의 눈을 바라보며 눈빛샤워를 해보세요. 머리끝에서 발끝까지 오로지 따뜻한 눈빛으로 스캔하듯이 바라보세요. 그리고 상대방의 보이는 강점은 물론 보이지 않는 내면의 강점까지 찾아서 아낌없이 칭찬해 주세요. 칭찬할 때마다 칭찬 듣는 사람은 '당연하지!'를 큰소리로 외치세요"라고만 할 뿐이다.

그런데 이 프로그램에 참여한 사람들이 달라진다. 칭찬한 경험이 적은 사람들은 직접 칭찬하고, 칭찬받는 것을 쑥스러워한다. 그러나 표정들이 차츰 밝아지고 기분이 좋아지는 경험을 하면서 나와 타인을 바라보는 관점이 긍정적으로 변한다.

관계가 회복되면 상상할 수 없이 큰 에너지가 발산된다. 나부터 행복하고 주변까지 행복해지는 선순환이 일어나는 것을 체험한다. 웰튜닝은 특정그룹에만 해당되는 것이 아니다. 다양한 그룹들이 웰튜닝을 통해 자신의 민낯을 스스럼없이 드러낸다. 그리고 인정받는 느낌, 괜찮은 사람이 된 느낌, 세상에서 제일 행복한 사람이 바로 자신이라는 것을 찾아낸다. 웰튜닝은 바로 나란 존재는 결코 그 무엇과 대체할 수 없다는 것을 확인시켜 주는 자존감 회복 프로그램이다.

그렇다면 어떻게 해야 할까?

마음이 흘러가는 방향을 재설정해야 한다. 지나간 삶을 후회하며 과거에 멈춰 있을 것인가? 아니면 다가오지 않은 미래를 상상하느라 지금 이 순간의 귀한 시간을 놓칠 것인가? 과거는 인정하되 거기에 함몰되지 않고 다가올 미래를 향한 희망의 끈은 놓지 않되 현실을 직시해야 한다.

변화의 핵심 키는 내 안에 있다. 나 자신이 얼마나 귀한 존재이고 가치 있는 사람인지 아는 것이 중요하다. 내면의 재고 조사를 통해 내 마음에 요동치는 문제들을 분류하고 정리해서 버릴 것과 활용할 것을 분별해야 한다. 자신의 강점과 약점을 있는 그대로 인정하고, 성공과 좌절 등 모든 것을 있는 그대로 수용하되 나를 존중해야 한다.

사람들은 자신을 성장시키는 방법을 알더라도 실행하는 것이 어려우면 포기하기 쉽다. 하지만 웰튜닝은 외부가 아니라 자신의 내부에서 방법을 찾기에 실행하기도 쉽다. 인정받고 수용받고 존중받고 칭찬받고 사랑받고 배려받고 싶은가? 변화하고 싶은가? 다른 사람과 함께 성장하고 싶은가? 그렇다면 웰튜닝을 하라. 자가 발전기가 돌아가기 때문에 동력이 떨어질 것을 염려할 필요가 없다. 어렵지 않다. 몸과 마음에 저항을 받지 않고 습관을 들일 수 있다.

2. 이 프로그램의 특성은 무엇인가?

웰튜닝은 모두가 주인공이라는 것을 전제로 한다. 그래서 소외되는 사람이 없다. 어린 시절부터 비교당하고 인정받지 못했다고 생각하는 사람들이 '나도 주인공'이라는 것을 인정하는 데서 출발

한다. 진행자는 참여자에게 프로그램에 잘 참여하도록 안내하는 내비게이션 역할만 하고, 주도권은 참여자들에게 넘겨 준다. 웰튜닝은 참여자 모두가 주인공이요 치유자이며 행복을 창조하는 사람이다.

이 프로그램은 새로운 지식을 전달하는 것이 아니라 그 동안 사용하지 않았던 몸과 마음을 활용해 내 안의 자산들을 찾아가는 체험 여정이다. 웰튜닝의 과정은 관점 바꾸기부터 시작해서 언어와 비언어(태도), 제3의 언어(마음)로 표현하는데, 한 단계씩 거치며 6단계까지 진행한다.

1단계: 초대하기(인정, 수용, 존중)

2단계: 칭찬으로 마음열기(장점, 강점 찾기)

3단계: 고정관념 벗어나기(질문과 공감, 경청)

4단계: 역지사지(내면 보물찾기를 통한 이해와 에너지 충전)

5단계: 축복하기(신뢰와 배려를 통해 협력, 회복)

6단계: 안아주기(자존감 회복, 온 마음으로 안아 줌)

이 프로그램에 참여하면 내가 어떤 식으로 대화하는 사람인지 알게 된다. 사람들은 대체로 자신의 생각보다 남이 만든 프레임에 자신을 가두고 그것에 휘둘리는 경우가 많다. 내가 어떤 질문을 하느냐에 따라 상대는 다양한 답을 하게 되어 있다. 그런데 많은 사람들은 "나는 좋은 사람이고 열려 있는 사람인데, 모든 문제의 발단은 내가 아닌 상대방이다"라고 생각한다.

사람은 타인과 만남을 통해 성장한다. 어떤 질문과 행동을 하느냐에 따라 만남의 성패가 달려 있다. 이 프로그램은 타인과 좋은 관계를 맺기 위해서 어떻게 질문하고 경청하며 공감해야 하는지를 안내한다. 누구나 질문할 수 있고, 누구나 답을 할 수 있다. 21C는 타인의 마음을 얻는 자가 성공한다. 혼자서도 성장할 수 있지만, 혼자보다 둘이 함께 가면 더 좋다. 그렇게 하려면 나와 다른 사람들을 있는 그대로 인정하고 수용하고 존중할 수 있어야 한다.

오케스트라가 연주하기 전에 튜닝(조율)하는 모습을 볼 수 있다. 아름다운 소리를 내기 위해 정확한 음정을 맞추는 것이다. 이처럼 사람의 마음도 튜닝이 잘 되어야 제 기능을 발휘할 수 있다. 내가 조율되지 않는 악기처럼 건강한 마음에 대한 분별력이 없으면 다른 사람들이 얼마나 많은 불협화음을 내는지도 분별할 수 없다. 내가 먼저 기본 역할에 충실할 때 불협화음을 분별하게 되고, 그 불협화음을 조율할 수 있는 능력이 생기는 것이다.

조율이 안 된 사람들의 특징은 건강과 재능, 지식, 재물, 권력을 무기 삼아 타인을 아프게 하고 상처를 내며 괴롭힌다. 자신의 우월함을 과시하거나 자신을 공격하고 우울증과 자기 비하에 빠지기도 한다. 반면에 조율이 잘 된 사람들의 특징은 건강과 재능, 지식, 재물, 권력을 도구 삼아 자신도 성장하고 타인에게도 도움을 주며 동반 성장을 한다. 아름답게 자신을 조율하여 자신을 살리고 주변을 돌보며 더불어 아름답게 성장한다. 그래서 그들이 지나간 자리는 사람이 살아나고, 향기로운 여운이 남는다.

그런데 모두가 동일한 소리를 낸다면 과연 웅장하고 아름다운 오케스트라의 소리를 만들어 낼 수 있을까? 모두가 1등인 세상이 존재할 수 있을까? 타인과 경쟁하면 모두가 1등이 될 수 없다. 하지만 자신의 내면을 끊임없이 조율하면 언제나 1등인 삶을 살 수 있다. 왜냐하면 나는 이 세상을 통틀어 하나뿐인 존재이니까. 완벽하지 않지만 현재의 내 모습을 인정하고 수용하고 존중하자.

자신만의 스타일로 살아가는 방법을 찾아보자. 유쾌한 나, 균형 잡힌 내가 되자. 불의에 대해 아니라고 말할 수 있는 내가 되자. 타인의 기쁨에 진심으로 같이 기뻐할 수 있는 내가 되자. 이렇게 잘 조율된 사람들이 모인다면 아름다운 소리를 낼 것이다. 때때로 지치고 힘들지만 서로에게 힘을 실어주기 때문에 균형을 잡을 수 있다.

이렇게 잘 조율된 마음을 오랫동안 지치지 않고 끝까지 유지할 수 있는 방법은 무엇일까? 제2의 천성인 습관으로 만드는 것이다. 새로운 습관을 들이려면 21일이 필요하다. 그 습관을 완전히 내 것으로 만드는 데는 66일이 필요하다. 윌리엄 제임스는 "운명은 성격에서, 성격은 습관화된 말과 행동 그리고 생각에 의해 결정된다"고 한다. 효용의 법칙이 작용할 때까지 계속 반복하면 된다는 것이다. 김연아는 한 번의 비상을 위해 3,000번의 점프 훈련을 했다고 한다.

이 프로그램은 직접 능동적으로 참여하여 느끼고 발견하며 새로운 결심을 하기 때문에 자신의 삶에 쉽게 적용할 수 있다. 언제나 자가 발전기를 가동하기 때문에 외부의 자극으로 영향은 받더라도 넘어지지는 않는다. 어떤 상황에서도 지속 가능하기에 누구를 만나도 적용할 수 있다. 내가 가진 모든 것과 주변의 도움으로 끊임없이 에너지를 생산하기에 시너지 효과가 있다. 혼자 할 때보다 함께하면 더 힘이 나고 즐겁다.

지나가는 행인 중 한 사람으로 참여하는 것이 아니라 내 인생의 주인공으로 당당히 참여하기에 지치지 않는다. 다른 사람과 비교하지 않기 때문에 에너지가 낭비되지 않는다. 나를 성장시키고 내 주변에 있는 사람들을 성장시킬 수 있는 동력이 된다. 성별과 지식과 지위와 재물, 권력이 다를지라도 마음은 하나 될 수 있다. 그래서 자신을 사랑할 준비가 된 사람은 누구나 웰튜닝을 할 수 있다.

3. 이 프로그램의 효과는 왜 오래 지속되는가?

웰튜닝 프로그램은 혼자서도 할 수 있고, 부모와 자녀, 부부, 연인, 직장동료, 친구와 함께 언제 어디서도 할 수 있다. 거울 앞에서 민낯으로 서서 외쳐 보자 "나는 천하보다 귀한 사람이다. 나는 사랑받기 위해 태어난 사람이다"라고 자신 있게 말하자. 스스로 인정하고, 수용하고, 존중하는 훈련을 매일 하다 보면 자존감을 회복하게 된다.

대부분의 사람들은 다섯 살 이전의 일을 또렷이 기억하는 경우는 드물다고 한다. 그러나 때와 장소를 기억하진 못하지만 온몸으로 기쁨을 표현했던 것들은 기억 세포에 켜켜이 쌓여 성장하는 내내 긍정적인 감정으로 나타난다. 어릴 때 자전거를 배우던 때를 생각해 보라. 넘어지고 다치면서도 끝까지 자전거 타기를 배웠던 아이는 자라서 성인이 되었을 때 자전거를 탈 수 있다. 자전거 타기를 직접 몸으로 경험했기에 처음에는 기우뚱할지라도 자전거에 발을 올리는 순간 자전거를 타고 달리는 자신을 발견할 것이다.

웰튜닝은 마치 좌충우돌하며 배웠던 자전거 타기와 같다. 웰튜닝은 어릴 때 보는 대로 닿는 대로 온몸으로 만지고 껴안고 환한 웃음으로 경험했던 놀이와 같다. 무엇을 하고 놀았는지 뚜렷한 기억은 나지 않지만, 다시 한 번 경험하고 싶다. 한번 경험할 때마다 쌓이는 자존감이 배가되고 행복감이 시냇물처럼 흘러나와 순환하게 된다. 사람들은 이 행복감을 오래오래 간직하여 어려운 일이 생기고 상처를 받을 때마다 통장에서 저축한 돈을 꺼내 쓰듯이 행복했던 기억을 인출해 스스로 치유한다.

웰튜닝은 마치 화수분처럼 꺼내 써도 마르지 않는 샘물 같다. 살아가면서 어려운 일을 당하고 마음이 다치는 일이 생기더라도 내일은 다시 태양이 떠오를 것이라는 긍정적인 생각을 하며 힘들었던 일을 성장의 거름으로 사용하는 것이다. 신은 한쪽 문이 닫히면 다른 문을 열어 놓는다고 믿는 사람만이 행복할 수 있다.

웰튜닝은 한 인간이 대체가 불가능한 유일한 존재임을 인정하는 데서부터 시작된다. 자라온 환경과 문화가 다르고 기질과 연령, 성별이 다르다. 그런데 사람들은 획일화시켜 하나로 가게 만들려고 한다. 서로 다름을 인정하고 출발해야 한다. 조율이 필요하다는 것을 인정해야 한다. 나를 있는 그대로 수용하고 존중하는 것부터 시작해 보자.

그리고 타인과의 좋은 관계를 맺기 위해서는 상대의 관점에서 질문해야 한다. 질문과 경청, 공감이 중요하다는 것을 머리로는 알고 있지만, 훈련되지 않아서 듣고 싶은 것만 듣거나, 보고 싶은 것만 본다. 자기 관점으로 각색해서 듣기도 한다. 그런데 이런 대화 형태가 상대방을 왜곡시킬 수도 있다는 사실을 이 프로그램을 통해 알게 된다.

어려움을 겪는 사람들은 만나면 가르치고 도와주어야 한다고 생각하는 사람들이 많다. 그러나 조언하거나 평가하지 않고 이야기를 집중해서 들어주기만 해도 행복한 느낌을 얻는다. 따뜻한 눈빛 샤워를 해보자. 따뜻한 미소를 지어 보자. 경직된 몸과 마음이 편안해진다. 그러다 보면 심리적인 거리가 가까워진다. 그리고 내 안의 보물찾기를 통해 자신감과 정체성을 회복하며 긍정 에너지를 찾아 표현해 보자. 긍정 에너지를 밖으로 표출하면 시야가 넓어진다. 그 에너지를 서로 안아줌으로써 발전하는 경험을 하게 된다. 자신을 표현하고 나면 타인에 대한 이야기도 집중해서 들을 수 있다.

그리고 타인을 축복하며 능동적으로 다가갈 때 얼마나 많은 에너지가 순환되는지 확인할 수 있다. 그 에너지를 통해 자기 자신이 회복되고 타인과의 관계도 원활해진다. 이 프로그램을 마칠 때쯤 내면의 막힌 것이 뚫린 듯 편안함과 만족감, 행복감이 넘친다.

세상은 하루가 다르게 변화한다. 놀라운 기술을 발견하고 놀라운 방법을 개발하고 세상을 떠들썩하게 하는 기계를 만들어낸다. 하지만 시간이 지나서 그 또한 낡은 것이 되고, 그보다 더 기능이 첨가되고 기술이 발전하게 되면 세상을 놀라게 한 그 모든 것들은 또다시 과거가 된다.

하지만 이 프로그램은 달라지지 않는다. 왜냐하면 이 프로그램은 지식으로 습득한 것이 아니라 직접 참여해 자기 자신이 주인공이 되어 느끼고 체험하면서 몸과 마음으로 경험하기 때문이다. 마치 '바이차이'라는 나무처럼 뿌리가 깊다. 이 나무는 50미터 자라기 위해 뿌리를 500미터 넓고 깊게 내린다. 그래서 비가 오지 않아도 끄떡없이 살아간다. 웰튜닝은 때에 따라 변하는 트렌드가 아니라 브랜드가 견고해하기 때문에 지속 가능하다. 몸과 마음으로 체험하고 느끼고 변했기 때문에 지속 가능하다.

고유의 음색을 지닌 악기들이 각각 튜닝을 잘했을 때 최상의 아름다운 소리를 내고 그 악기들이 모여 더욱 웅장하고 멋진 하모니를 만들어내는 것처럼 내가 가진 악기의 수명이 다하지 않는 한 지속 가능하다. 외부의 환경에 영향 받지 않고 내 시간, 내 방법대로, 내 색깔과 내 모양대로 할 수 있기 때문에 지속 가능하다. 나 혼자도 빛나지만 모이면 더욱 빛나기에 지속 가능한 것이다.

내가 변하면 세상이 달라진다!

– 웰튜닝은 자존감 회복 프로그램

한 사람의 인생은 마치 금이 엄청나게 매장되어 있는 금광 같다. 그런데 자신의 금광은 살펴보지도 않은 채 남의 금광만 기웃거리다가 꽃 같은 젊은 시절을 보내며 불안해하는 사람들이 많다. 세상을 변화시키겠다고 말하면서 자기 자신을 변화시키지 못하는 이유가 무엇일까? 자신 안에 있는 마음 자산만으로도 행복하게 살 수 있는데, 왜 자신이 가진 것을 과소평가하며 인정하지 않는 걸까?

웰튜닝은 이런 문제로 오랫동안 고민한 끝에 만든 자존감 회복 프로그램이다. 즉 참여자 모두가 주인공이요 치유자이며 행복을 창조하는 사람이라고 인정하고 격려해 주며 축복해 주는 프로그램이다. 웰튜닝은 다음과 같이 6단계로 진행한다.

웰튜닝 1단계

1. 초대하기
인정, 수용, 존중, 다름 인정하기

웰튜닝 2단계

2. 칭찬으로 마음 열기
장점, 강점 바라보기

웰튜닝 3단계

3. 고정관념 벗어나기
질문, 공감, 경청 활용법

웰튜닝 4단계

4. 역지사지
내면 보물찾기를 통해 이해와 에너지 충전으로
관계 회복

웰튜닝 5단계

5. 축복의 시간
상대방을 축복함으로 타인에 대한 신뢰를 회복하고
배려, 협력, 협업능력과 창의력 상승

웰튜닝 6단계

6. 안아 줌으로 마무리
참석자 전원이 온 마음으로 안아 주며 자존감을
회복해 자신감과 긍정에너지 확산으로 상생문화

⇨ 소그룹이나 단체에서 웰튜닝 강의를 신청하실 분은 연락 주세요.
몸 & 마음경영연구소 정광하 소장 * 연락처: 010 – 5199 – 6935